AF453074

LES TABLETTES

DU

PIANISTE

PARIS

TYPOGRAPHIE DE FIRMIN DIDOT FRÈRES, FILS ET Cᴵᴱ

RUE JACOB, 56.

LES TABLETTES

DU

PIANISTE

MEMENTO

DU PROFESSEUR DE PIANO

Rédigé

Par Henry LEMOINE

LES TABLETTES DU PIANISTE CONTIENNENT:

1º Une classification progressive d'un grand nombre de morceaux
de tous les genres et de toutes les écoles;

2º Des conseils sur la direction à donner à l'étude du Piano,
d'après mon mode d'enseignement;

3º L'indication des principaux livres d'études avec les degrés de force
qu'il faut avoir atteints pour s'y exercer avec fruit.

PARIS

CHEZ HENRY LEMOINE

ÉDITEUR DE MUSIQUE ET PROFESSEUR DE PIANO

Rue Saint-Honoré, 256.

1858

AVERTISSEMENT.

Dans ma carrière de professeur et d'éditeur de musique, mon ambition a toujours tendu vers ce double but : améliorer les éditions des œuvres, et faire comprendre la nécessité d'un ordre progressif dans l'enseignement, surtout dans l'enseignement élémentaire; car c'est au point de départ bien dirigé que l'élève doit toujours les progrès réels qu'il fait par la suite, et qu'il s'évite l'effort pénible de revenir, après plusieurs années de travail, à des études élémentaires mal dirigées à leur début : ce qui n'arrive que trop fréquemment.

Les *Tablettes du Pianiste* indiquent une classification progressive de morceaux de tous genres et de toutes les écoles dans une division par *séries* et *degrés*.

MM. les professeurs apprécieront facilement la difficulté d'un pareil travail et ce qui pourra quelquefois s'y rencontrer d'arbitraire : car cette classification progressive, il ne faut pas la chercher strictement d'un morceau à l'autre, cela est de toute impossibilité, mais bien d'un degré à l'autre.

Je dois aussi faire observer qu'assez généralement les derniers morceaux d'un degré sont, à peu de chose près, de la même force que les premiers du degré suivant.

Les professeurs consommés dans l'art de l'enseignement comprendront bien que je n'ai pas toujours fait consister la progression dans la difficulté du *mécanisme*, mais bien aussi dans celle de la *mesure*, du *phrasé*, du *style*, et enfin dans la véritable et bonne exécution de tout l'ensemble d'un morceau. Ils ne devront donc pas s'étonner du classement de certains morceaux, et ne verront dans ce travail que la bonne intention qui me l'a fait entreprendre.

Toutefois, les morceaux des six premiers degrés sont classés de manière à ce que l'on puisse en apprécier la force relative de l'un à l'autre, et à partir du 7e degré les morceaux sont classés par ordre alphabétique de noms d'auteurs.

Voici le tableau des *séries* et *degrés* des *Tablettes du Pianiste* :

1re SÉRIE. TRÈS-FACILE.........	{	1er degré. 2e — 3e —
2e SÉRIE. FACILE..........	{	4e — 5e — 6e —
3e SÉRIE. MOYENNE DIFFICULTÉ...	{	7e — 8e — 9e — 10e —
4e SÉRIE. DIFFICILE..........	{	11e — 12e — 13e — 14e —
5e SÉRIE. TRÈS-DIFFICILE.......	{	15e — 16e — 17e — 18e —

L'enseignement sera ainsi divisé :

ENSEIGNEMENT ÉLÉMENTAIRE OU PRIMAIRE

Méthode, Études et Morceaux des six premiers degrés.

1re ET 2e SÉRIES.

ENSEIGNEMENT SECONDAIRE.

Études et Morceaux du 7e au 14e degré inclusivement.

3e ET 4e SÉRIES.

ENSEIGNEMENT SUPÉRIEUR.

Études et Morceaux des 15e, 16e et 17e degrés.

5e SÉRIE.

L'enseignement supérieur, commençant avec la cinquième série, ne comprend que QUATRE DEGRÉS. Le 18e et dernier doit être considéré comme le NEC-PLUS-ULTRA de l'exécution. Je n'ai donc rien placé à ce degré, le regardant comme appartenant exclusivement aux grands virtuoses exécutants qui, de nos jours, ont porté l'exécution, ce prodige du mécanisme, au plus haut point possible.

A la fin des *Tablettes*, on trouvera, outre les livres d'études que je signale dans mon enseignement, le nom de différents auteurs qui ont aussi composé des cahiers d'études à divers degrès de force.

Un ouvrage du genre de celui-ci n'a pas encore existé dans l'enseignement musical ; il rencontrera, je n'en puis douter, des opposants, peut-être aussi des détracteurs ; mais quel est l'ouvrage traitant d'enseignement qui ait été à l'abri de leurs atteintes ? Je n'ai pas eu, à coup sûr, la prétention de produire une œuvre parfaite ; utile, oui.

———

LES

TABLETTES DU PIANISTE

—◦◦◦—

PREMIER DEGRÉ.

Première série. — Très-facile.

H. LEMOINE. Op. 37. CINQUANTE ÉTUDES faciles fr c.
et progressives, divisées en deux livres.
    Le 1er livre, 1er et 2e degrés.. . . . . 10 »
— Op. 49 et Sor. Op. 22. ÉCOLE DE LA MESURE
    ET DE LA PONCTUATION MUSICALE. 48
    pièces à 4 mains, divisées en 2 liv.
    Le 1er liv., 1er et 2e degrés.. . . . . 15 »
    Les 2 liv. réunis dans un seul volume., , 25 »
CH. LENTZ. *Minet*, très-petit Rondino-valse.. . 2 »
H. LEMOINE. Très-petit Rondo s. un air anglais. 2 50
CH. LENTZ. *La Récréation*, 12 petites leçons pro-
    gressives divisées en 2 suites. La 1re suite. 5 »
    (Cette 1re suite contient : valse, chasse, ronde,
    romance sans paroles, barcarolle et marche).
    Les 2 suites réunies dans un seul volume. . 7 50
— Rondoletto sur un motif de *l'Éclair*. . . . 2 50
H. LEMOINE. *Petites Récréations musicales*, 1re
    livraison.. . . . . 5 »
    (L'ouvrage est divisé en 8 livrai-
    sons de 12 morceaux chacune.)

MUSIQUE DE DANSE.

H. LEMOINE.	*L'Enfantin*, quadrille. . . .	4	50
—	Le même, arrangé à 4 mains..	4	50
ACH. LEMOINE.	*Les Jours gras*, quadrille.. .	4	»
—	Le même, arrangé à 4 mains.	4	50
L. LEVASSEUR.	*Le Lilliputien*, quadrille (format in-8°).	3	»
—	Le même, arrangé à 4 mains.	4	50
CH. CHAULIEU.	*Le Furet*, quadrille.	4	»
—	Le même, arrangé à 4 mains..	4	50

DEUXIÈME DEGRÉ.

Première série. — Très-facile.

H. LEMOINE. 3e Bagatelle sur le *Hussard de Felsheim*.   3   »
— Op. 29. 4 Bluettes sur des motifs de Rossini.
         N° 3. Sur *il Turco in Italia*. .   2 50
         N° 4. Sur *Ricciardo e Zoraïde*.   2 50
         Les 4 réunies dans un seul volume .   7 50
— 42e Bagatelle sur *Richard Cœur de Lion*. . .   4 50
— Cavatine et rondo-valse, lettre C de l'*Album des jeunes pianistes*.   3   »
— Rondoletto sur un motif du *Barbier de Séville*, lettre D de l'*Album*.   3   »
— Marche de la *Dame du Lac* et rondo militaire, lettre E de l'*Album*.   3   »
— Air écossais de la *Dame blanche* et rondo villageois (par Levasseur), lettre F de l'*Album*   3   »
— *Le Lilas*, petit rondo sur un motif de Paganini.   2 50
— *La Marguerite*, sérénade sur une valse allemande.. . . . .   2 50
— *Le Jasmin*, petit rondo sur un galop favori..   2 50
A. MOCKER. L'*Altéa*, rondinetto sur l'*Elisire d'Amore*. 2 50
H. ROSELLEN. *Le Réséda*, petit rondo sur la romance de N. Louis : *Ma belle Touraine*.   2 50
S. L. MARS. Op. 1er. *Le Pastour*, petit rondo à 4 mains.   4   »
CH. LENTZ. Deux Bluettes sur l'opéra de la *Fanchonnette*. N° 1. Sur la Cavatine.   3   »
         N° 2. Sur le Duo. . .   3   »

———

MUSIQUE DE DANSE.

QUADRILLES.

H. LEMOINE. *Le Joujou*. 4 50
— Le même, arrangé à 4 mains. . .   4 50
— *L'Amaryllis*. 4 50
— Le même, arrangé à 4 mains. .   4 50

N. G. BACH. *Le Hochet* 4 50
—   Le même, arrangé à 4 mains . . . 4 50

VALSE.

J. ALARY. Valse à 6 mains sur le même piano. 4 50

POLKA.

ACH. LEMOINE. *Petite fleur,* 2 50

———

TROISIÈME DEGRÉ.

Première série. — Très-facile.

AD. ADAM. Galop favori varié, lettre **G** de l'*Album* . . . . 3 »

H. LEMOINE. Rondoletto sur le ballet de *l'Orgie*, lettre **H.** de l'*Album* . . . . . . 3 »

CH. CHAULIEU. Galopade hongroise variée, lettre **I** de l'*Album* . . . . . 3 »

S. L. MÅRS. Op. 3. Deux Mazurkas nationales.
        N° 1. *Varsovie.* . . . . . 4 »
        N° 2. *Cracovie.* . . . . . 4 »

H. LEMOINE. Rondo à 4 mains, extrait du 2ᵉ volume de la *Bibliothèque musicale des Jeunes Pianistes.* . . . 4 50
  —   Six petits Rondos à 4 mains.
        N° 1. *O dolce concento* . . . . . 4 »
        N° 2. *Marche de Moïse.* . . . . 4 »
        N° 3. *Valse de Strauss.* . . . . 4 »
        N° 4. *Air tyrolien* . . . . 4 »
        N° 5. *Air suisse.* . . . . 4 »
        N° 6. *Air de Coradino* . . . . . 4 »

L. MEY. Op. 15. Trois petits Rondos-fantaisies.
        N° 1. *Terpsychore.* 4 50
        N° 2. *Souvenirs de Weber.* 4 50

H. LEMOINE. 10ᵉ Bagatelle sur le galop du ballet de *la Tentation.* . . . . . . 5 »
  —   31ᵉ Bagatelle, sur l'opéra de *Polichinelle.* 5 »
  —   39ᵉ Bagatelle, sur le ballet du *Diable amoureux.* 4 50

CH. CHAULIEU. Op. 14. Variations sur l'air favori de *Don Juan* . . . . . . 3 »

E. DÉJAZET. *Le Narcisse, la Francesca,* valse de Jullien. 2 50

CH. LENTZ. Op. 8. Rondo brillant sur l'opéra du *Billet de Marguerite.* . . . . . 4 »
  —   Op. 9. Rondo-valse sur l'opéra du *Billet de Marguerite.* . . . . . . 4 »

J. L. DUSSEK. Op. 46ᵇⁱˢ. Six Sonates faciles avec accompagnement de violon *ad lib.* 7 50

MUSIQUE DE DANSE.

QUADRILLES.

S. L. MARS. *Le Nain*.. 4   »
— Le même, arrangé à 4 mains. . . 4 50
— *Le Muguet* (avec une polka à la fin). 4 50
— Le même, arrangé à 4 mains. . . 4 50

VALSE.

LE Vte DE CALONNE. *Clémence*, valse facile.. 3   »

POLKA.

CH. LENTZ. *La Favorite*.. . . . . 2 50

POLKA-MAZURKA.

CH. LENTZ. Polka-Mazurka sur l'opéra de *la Fanchonnette*.. 3   »

QUATRIÈME DEGRÉ.

Deuxième série. — Facile.

A. LE CARPENTIER. Op. 24. Trois Bagatelles à
    4 mains sur l'opéra de *l'Éclair*. N° 1.   5 »

H. LEMOINE. *La Pervenche*, valse du ballet du
    Diable boiteux, arrangée en rondo.   2 50

— Op. 48. Trois Solos. N° 2. Rondo-valse en *fa*.   4 »

— 16e Bagat. sur la *Valse du Duc de Reichstadt*.   5 «

F. HUNTEN. *Le Camélia*, petit rondo sur le bal-
    let du *Diable boiteux*. 2 50

H. ROSELLEN. *La Rose blanche*, valse du ballet
    de la *Chatte métamorphosée en femme*.   2 50

H. LEMOINE. Op. 32. *Souvenirs de Vienne*, trois
    petites pièces en forme de rondos, sur
    deux valses et un galop de Strauss..   5 »

A. MOCKER. Op. 104. *Camélia*, fant. élégante.   5 »

CH. FRADEL. *Petits Concerts de famille*, trois
    morceaux caractéristiques à 4 mains.
            N° 2. *Chanson d'Auvergne*. . . .   4 »
            N° 3. *Air suisse*. . . . .   4 »

J. L. DUSSEK. Sonate et Rondo à 4 mains, ex-
    traits du 3e volume de la *Bibliothè-
    que musicale des Jeunes Pianistes* . .   4 50

H. LEMOINE. 1re Bagatelle sur *Robin des Bois*
    (2e édition) . . . .   5 »

— 5e Bagatelle sur un air catalan . . . . . .   4 »

— 14e Bagatelle sur la *Brise du matin*.. . . .   5 »

— 24e Bagatelle sur la cachucha.. . . . . .   4 50

— 47e Bagatelle sur la polka favorite nationale.   5 »

— 50e Bagatelle sur l'Op. 31 de Rosellen. *Trois
    Rêveries*. . . . .   5 »

CH. CZERNY. Op. 609. *Les trois Sœurs*, six
    rondos à 6 mains sur le même piano.
            N° 1. *Rule Britannia*. . . . . .   4 »
            N° 2. *Air de chasse*. . . . . . .   4 »
            N° 3. *Air suisse*. . . . .   4 »
            N° 4. *Air irlandais*. . . . . . .   4 »
            N° 5. *Air suisse*. . . . .   4 »
            N° 6. *Air de Hændel*. . . . . .   4 »

CH. LENTZ. Op. 11. *Fleur des Lagunes*, bagatelle.   4 »

— Op. 12. *Le Carnaval de Palerme*, rondinetto.   4 »

MUSIQUE POUR PIANO ET VIOLON.

CH. SCHWENCKE. Op. 37. Trois petits duos concertants, pour piano et violon.
N° 1. Thème italien.............. 5 »

MUSIQUE DE DANSE.

QUADRILLES.

H. LEMOINE.	*Le Rossignol*..........	4	50
—	Le même, arrangé à 4 mains.	4	50
ACH. LEMOINE.	*Le Mignon*...........	4	50
—	Le même, arrangé à 4 mains.	4	50
—	Quadrille facile sur l'opéra de *la Fanchonnette*.......	4	50
—	Le même, arrangé à 4 mains.	4	50
A. LONGUEVILLE.	*Le Dandy*..........	4	»
ROUBIER.	*Le Colibri*........	4	50
—	Le même, arrangé à 4 mains	4	50

POLKA.

A. LONGUEVILLE. *Lélia*............ 2 50

CINQUIÈME DEGRÉ.

Deuxième série. — Facile.

A. **LE CARPENTIER**. Op. 24. Trois Bagatelles à 4 mains sur des motifs de *l'Éclair*. N° 2.   5   »

H. **LEMOINE**. Rondinetto sur *le Barbier de Séville*; lettre **P** de l'*Album*. . .   3   »

X. **G. BACH**. Air suisse varié, lettre **Q** de l'*Album*   3   »

H. **LEMOINE**. *Non più andrai,* air militaire du *Mariage de Figaro*, de Rossini; lettre **R** de l'*Album*..   3   »

F. **HUNTEN**. *Le Muguet*, rondo sur un air de danse du ballet *le Diable amoureux*.   2 50

H. **ROSELLEN**. *L'Hortensia*, air tyrolien varié.   2 50
— *Le Bouton d'or*, rondo-galop sur *Parisina*.   2 50

H. **LEMOINE**. *Le Dahlia*, impromptu sur la marche du *Crociato*. 2 50

E. **DÉJAZET**. *L'Anémone*, valse de Strauss.. .   2 50

H. **BERTINI**. Op. 171. Trois petits Solos.
       —   N° 1. *Rondinetto*. . . .   4   »

S. **L. MARS**. Op. 4. *La Parodie*, morceau brillant sur la polka favorite nationale.   4   »

H. **LEMOINE**. Op. 48. Trois Solos. N° 3. *Polonaise* en *ut*.   4   »

A. **CROISEZ**. Op. 30. *Encouragement et Récompense*, deux morceaux progressifs. N° 2. *Chant de Ferrare* varié.   5   »

CH. **CZERNY**. Op. 606. Dix-huit petits Rondos et airs variés sur des mélodies populaires. N° 17. *Ancienne chanson allemande*.   4   »
N° 18. *Air souabe*.   4   »

H. **LEMOINE**. Quadrille à 4 mains et une valse de Moscheles (aussi à 4 m.), extr. du 4ᵉ vol. de la *Bibliothèque musicale*. .   4 50

F. **HUNTEN**. Op. 82. Deux rondos sur des motifs de *l'Éclair*. N° 1.   5   »
— Le même, arrangé à 4 mains par Schunke.   6   »

F. **KALKBRENNER**. Op. 40. Marche à 4 mains.   4 50

N. **LOUIS**. Op. 52. Trois petites Fantaisies faciles et caractéristiq. à 4 m. N° 1. *La Cachucha*.   4 50

N. LOUIS. Op. 94. *Les Contrastes*, trois caprices faciles et brillants à 4 m.
N° 1. Sur des motifs de Rossini . . . 4 50

A. MOCKER. Op. 54. Rondoletto-valse sur un
motif d'opéra . . . . 5 "
— Op. 65. La Fête helvétique, divertissement. 5 "

M. DECOURCELLE. Op. 19. Deux petits Solos.
N° 1. *Air de ballet.* 4 50
N° 2. *Andantino.* . 4 50

CH. LENTZ. Op. 10. Fantaisie pastorale sur un
thème favori de Bohême . . . . 5 "

CH. LE CORBEILLER. Fantasina sur des motifs
de *la Fanchonnette.* . 4 50

H. BERTINI. Op. 82. *La Soirée*, duo à 4 mains. 4 50
— Op. 83. Six Divertissements à 4 mains. 7 50

J. B. LABAT. Rondo-galop 4 50

A. DUBOIS. Op. 2. Thème allemand varié . . . 4 50

H. BERTINI. *Encore un Petit Rien*, andante varié 3 "

MAZZINGHI. *La petite Surprise*, air varié, et le
Petit favori, rondo 4 50

J. HAYDN. Andante favori varié . . . . 2 "

T. LATOUR. Duo à 4 mains sur *O dolce Concento.* 5 "

MUSIQUE POUR PIANO ET VIOLON

OU AUTRES INSTRUMENTS.

CH. SCHWENCKE. Op. 37. Trois petits duos concertants pour piano et violon.
N° 2. Cavatine du *Pirate*, variée. 5 "

M. CLEMENTI. Op. 21. Trois Sonates avec ac-
compag. de violon ou flûte et basse *ad lib.* 7 50

MUSIQUE DE DANSE.

QUADRILLES.

H. LEMOINE.	*Le Bijou*.	4	50
—	Le même, arrangé à 4 mains.	4	50
—	*Le Roitelet*.	4	50
—	Le même, arrangé à 4 mains .	4	50
ACH. LEMOINE.	*Les deux Sœurs*, le N° 1 . . .	4	50
—	Le même, arrangé à 4 mains..	4	50
CH. FRADEL.	*Le Cosmopolite*.	4	50

VALSES.

H. BERTINI. Op. 59. Trois valses à 4 mains. .	4	50
CH. CHAULIEU. *La Colombe*.	3	75
H. LEROT. *Violette*, valse facile et brillante. .	4	»
MACAILHOU. *Ninette et Lisette*, deux valses..	5	»
F. SOR. Op. 23. Trois valses et un galop à 4 m.	4	50

POLKAS.

H. BERNHOFF. *La Mignonne*.	2	50
CH. CHAULIEU. *Rose et Marguerite*, deux pol- kas. N° 1. *Rose*.	3	»

SIXIÈME DEGRÉ.

Deuxième Série. — Facile.

A. MOCKER. Op. 103. *Nadine*, air de ballet. . 5 »

N. LOUIS. Sérénade à 4 mains sur l'opéra de *Po-lichinelle*. . . . . 5 »

CH. CZERNY. Op. 438. Deux thèmes favoris de l'*Elisire d'Amore*, variés. N° 1. *Canzonetta*. 4 50

CH. M. DE WEBER. Op. 3. Douze pièces faciles à 4 mains, en 2 livres. Chaque. 7 50

L. V. BEETHOVEN. Op. 6. Sonate en *ré* à 4 m. 5 »

R. DE VILBAC. *La Chasse*, morceau brillant à 6 mains sur le même piano . 7 50

A. CROISEZ. Op. 63bis. *Les Carabiniers fédé-raux*, marche suisse à 4 mains. 6 »

J. CRAMER. *Le Petit Rien*. . . . . 4 »

G. REDLER. Op. 15. Thème original varié.. . 5 »
— Op. 16. Pet. fantaisie sur un th. de *Beatrice*. 5 »

CH. SCHWENCKE. Op. 22. Trois Rondolettos sur des motifs de Rossini. N° 1. 4 50

AD. ADAM. Op. 7. Rondo sur une chansonnette de l'auteur.. . . . . 4 50

KOSELUCK. Op. 19. Sonate à 4 mains. . . . . 6 »

———

MUSIQUE POUR PIANO ET VIOLON

OU AUTRES INSTRUMENTS.

CH. SCHWENCKE. Op. 37. Trois petits Duos concertants pour piano et violon. N° 3. Thème d'Hérold, varié. . . . 5 »

M. CLEMENTI. Op. 22. Trois Sonates avec accompagnement de violon ou flûte et basse *ad lib.* 7 50

———

MUSIQUE DE DANSE.

QUADRILLES.

H. LEMOINE. *Le Favori*. 4 50
  — Le même, arrangé à 4 mains. 4 50
  — *Le Chevalier de Canolle*. 4 50
  — Le même, arrangé à 4 mains. 4 50
  — Quadrille sur le ballet du *Diable boiteux*. 4 50
  — Le même, arrangé à 4 mains. 4 50
CH. CHAULIEU. *Une Fête au Château-Rouge*. . 4 50

VALSE.

H. LEMOINE. Recueil de valses et galops.. . . 4 50

POLKAS.

L. BECK. *Aline et Berthe*, deux polkas. Chaque. 2 50
CH. CHAULIEU, *Rose et Marguerite*, deux polkas.
         N° 2. *Marguerite*. . . . . . . 3 »

SEPTIÈME DEGRÉ.

Troisième série. — Moyenne difficulté.

N. LOUIS. Op. 94. *Les Contrastes*, trois caprices faciles et brill. à 4 m. N° 3. Sur Donizetti . 4 50

G. MARCAILHOU. *Les Feuilles d'automne*, idylle . 4 »

A. MOCKER. Op. 84. Divertissement . . . . . 6 »
— Op. 102. Bagat. sur l'op. de *la Fanchonnette*. 6 »

G. OSBORNE. Op. 73. *La Tenerezza*, mélodie . . 5 «
— Op. 74. *La Pastorale*, bluette . . 5 »

H. PANOFKA. Op. 36. Rondinetto sur un motif de *la Reine de Chypre* 4 50

G. REDLER. Op. 49. Petite fantaisie sur *la Reine de Chypre* . . . . 5 »

H. ROSELLEN. Op. 29. Deux mélodies de Donizetti, à 4 mains. N°ˢ 1 et 2. Chaque. 7 50
— Op. 37. 2 fantaisies. N° 1. *Thème original* . . . 5 »
N° 2. *Sur la double échelle* 5 »
— Op. 43. Trois airs de ballet en rondos sur *la Reine de Chypre*. N° 1. *La Zampogna* . . . 7 50

ED. ROSENHAIN. Op. 5. Rondo, morc. de salon. 4 50

CH. SCHWENCKE. Op. 22. Trois rondolettos sur des motifs de Rossini. N° 2. 4 50

STEIBELT. Op. 37. 1ʳᵉ sonate en *ut*, doigtée par H. Lemoine 4 50

R. DE VILBAC. Valse brillante sur son opérette : *Au clair de la Lune*. . . . . 6 »

CH. M. DE WEBER. *Dernière pensée* (en feuille). 2 50
— Op. 60. Huit pièces à 4 m. en 2 livres. Chaque. 9 »

MUSIQUE POUR PIANO ET VIOLON

OU AUTRES INSTRUMENTS.

H. BERTINI et **FONTAINE.** 7ᵉ duetto pour piano et violon 7 50

GALLAY. Op. 35. Nocturne pour piano et cornet à pistons, sur *la Juive* . . . . . . 6 »

CH. SCHWENCKE. Op. 39. Duo non difficile pour piano et violon, sur *la Juive*. 6 »

MUSIQUE DE DANSE.

QUADRILLES.

CH. CHAULIEU. *L'Amazone*..	4 50
CH. LE CORBEILLER. *Neptune*.	4 50
— Le même, arr. à 4 mains.	4 50
— *Le Jardin d'Hiver*. . . .	4 50
— Le même, arr. à 4 mains.	4 50
A. LEDUC. *Les Gardes françaises*..	4 50
— Le même, arrangé à 4 mains. . . .	4 50
— *Le Diable à quatre*.	4 50
— Le même, arrangé à 4 mains. . . .	4 50
L. MAITHUAT. *Le Papillon*	4 50
S. L. MARS. Quadrille sur le ballet d'*Ozaï*.. .	4 50
— Le même, arrangé à 4 mains. . .	4 50
REBOUL. *La Vallée de Dardennes*..	4 50

VALSES.

CH. ANSIAUX. Op. 5. *Marie et Anna*, valse et polka. N° 1. *Marie*.	3	»
La même, arr. à 4 mains.	4	50
T. DUBOIS. *Les Roses thé* (suite de valses). . .	4	»
J. CH. HESS. Op. 18. *La Guirlande de fleurs*.	4	»
CH. LE CORBEILLER. Deux valses sur le ballet d'*Ozaï*. Chaque. . . .	2	»
H. LEMOINE. *La Cachucha* (en feuille)..	2	»
S. L. MARS. Valse sur le ballet d'*Ozaï*..	4	»
STRAUSS. *Philomèle et la belle Gabrielle*, deux valses favorites, arr. pour les petites mains par H. Lemoine. Chaque. . .	3	75
R. DE VILBAC. Valse brillante sur son opérette : *Au clair de la Lune*.	6	»
WUGK-SABATIER. *A minuit*.	4	»

POLKAS, POLKAS-MAZURKAS, SCHOTTISCH, ETC.

M. ALKAN. *La Villageoise*, polka. 2   »

CH. ANSIAUX. Op. 5. N° 2. *Anna*, polka.. . . . 3   »
     La même, arr. à 4 m.   4 50

H. BERNHOFF. Polka sur l'opéra de *la Fanchon-nette*, arrangée à 4 mains par Lentz.   5   »

CH. BIZOT. Polka sur le ballet de *Pâquerette*. . 2 50
 — La même, arrangée à 4 mains.. . . 3   »
 — Polka-mazurka sur le ballet de *Pâquerette*. 4   »
 — La même, arrangée à 4 mains. . . 5   •
 — Schottisch sur l'opéra de *Deucalion et Pyrrha*. 3   »
 — *Zara*, polka-mazurka. 2 50
 — Schottisch s. l'op. de *la Fanchonnette* 4   »

J. CH. HESS. *La Fanfare*, schottisch.. . . . . 2 50

E. KAUFFEISEN. *Isoline*, polka.. . . . . . . 2 50

CH. LABORDE. *Esther*, polka-mazurka 2 50

CH. LE CORBEILLER. *Mignardise*, polka . . . 3   »
 — Deux polkas sur le ballet d'*Ozaï*. Chaque. 2   »
 — *Albine*, polka-mazurka. 2   »

CH. LENTZ. Polka-mazurka sur l'opérette : *Au clair de la Lune*. 5

L. WALDTEUFEL. *Marguerite*, polka. 3   »

A. WALLERSTEIN. *Un Premier Amour*, redowa 2 50

HUITIÈME DEGRÉ.

Troisième série. — Moyenne difficulté.

A. CROISEZ. Op. 33. *Les Succès partagés*, trois morceaux à 4 mains

    N° 1. Sur la *Sonnambula*. . . . . . . 6 »
    N° 2. *Air tyrolien*. . . . . 6 »
    N° 3. Motif des *Puritains*. . . . . . 6 »
— Op. 36. Deux Solos. N° 2. *Capriccio*. 4 50
— Op. 37. *Les Rayons d'Italie*, deux fantaisies.
    N° 1. *Les Bateliers du Tibre*, chanson
    romaine. . . . . 6 »
— Op. 43. Trois morceaux de genre.
    N° 1. *Pas styrien*. . . . . 6 »
    N° 2. *Romance populaire française*.. 6 »
— Op. 47. Fantaisie sur le *Val d'Andorre* . . . 5 »
— Op. 51. *Charme des Salons*, deux fantaisies.
    N° 2. Thème de *Donna Caritea*.. . . 6 »
— Op. 81. Morceau de salon sur l'opéra du *Billet
de Marguerite*. . . . . 6 »
— Op. 95. Caprice sur l'opéra de la *Fanchonnette*. 5 »

CH. CZERNY. Op. 140. Variations sur un thème
    du *Paysan millionnaire*. . . . 5 »
— Op. 141. Les mêmes, arrangées à 4 mains. . 5 »
— Op. 438. Deux thèmes favoris de *l'Elisire
d'Amore*. N° 2. Cavatine. 4 50
— Op. 700. *Délassement de l'étude*, douze morc.
    N° 8. Air suisse . . . . 5 »
    N° 9. Variations sur un air de danse
    de Taglioni . . . . 5 »
    N° 12. Rondo sur une chanson natio-
    nale de Nice. . . . . 5 »
— Op. 733. 6 Rondinos à 4 m. s. des th. favoris.
    N° 1. Thèmes de Bellini . . . . . . 6 »
    N° 2. Thèmes de Donizetti . . . . . 6 »
    N° 6. Rondino-valse. . . . . 6 »

J. DÉJAZET. Op. 11. Rondino en forme de valse. 6 »

E. DÉJAZET. Op. 18. Romance et polonaise sur
    des motifs de *l'Éclair*. . . . . 6 »

M. DECOURCELLE. Op. 5. Trois caprices. . . 6 »
—   Op. 24. Pensée. 2 50

A. TALEXY. Op. 38. *Feuilles d'automne*, trois
morceaux.
    N° 1. *Saltarelle*. . . . . 5 »
    N° 2. *Les Vendanges*. . . . . . . 5 »
    N° 3. *Rondo-chasse* . . . . 5 »

R. DE VILBAC. Op. 13. Deux Solos.
    N° 1. Introduction et allegro moderato. 5 »
— Op. 17. QUARANTE-HUIT ÉTUDES SPÉCIALES di-
visées en 4 suites.
    1re suite, Vélocité, du 8e au 10e degré. . . 10 »
— Op. 28bis. Marche impériale russe à 4 mains. 7 50
ED. WOLFF. Op. 64. 3 fant. s. la *Reine de Chypre*.
    N° 2. Sur la cavatine : *Triste Exilé sur la
terre étrangère*. . . . . 6 »

MUSIQUE POUR PIANO ET VIOLON

OU AUTRES INSTRUMENTS.

H. BERTINI et **FONTAINE.** 8e duo. *Serenata*
pour piano et violon . 7 50
L. V. BEETHOVEN. Op. 50. Deux romances sans
paroles pour piano et violon . 5 «
A. BERTHEMET. Op. 9. Duo concertant pour
piano et violon sur une barcarolle originale. 7 50
J. HAYDN. Op. 45. Trois Sonates avec accompagnement de violon et de basse *ad lib.* 9 »
N. LOUIS. Op. 117. Fant. concertante p. piano et
violon s. des mot. de *Richard Cœur-de-Lion*. 7 50
— et **VENY.** La même, pour piano et hautbois. 7 50
— Op. 120. DOUZE MÉLODIES-ÉTUDES pour piano
et violon, introduction à son op. 80. 12 »
— Op. 212. Trois duos concertants pour piano et
violon sur des motifs de Weber. N° 1. 7 50
MAYSEDER. Op. 36. Rondino p. piano et violon. 6 »

L. MOLINO. Deux Nocturnes en trios sur des motifs de Rossini, pour piano ou harpe, violon et violoncelle. N°ˢ 1 et 2. Chaque. . . . 7 50

CH. SCHWENCKE. Op. 44. 3 duos p. piano et viol.
        N° 1. Chœur de la *Norma* . . . . 5 »
        N° 2. Duetto — . . . . 5 »
— Op. 46. Duo pour piano et violon sur l'*Éclair*. 6 »

MUSIQUE DE DANSE.

QUADRILLES.

N. G. BACH. *Minuit*, quadrille à 4 mains. . . . 4 50

BOLHMANN. *La Chasse au Sanglier* 4 50

W. CARON. *Le Rialto* 4 50

—   *Rob-Roy* 4 50

—   Le même, arrangé à 4 mains. . . . 4 50

A. LAMOTTE. Quadrille sur l'op. du *Billet de Marguerite* 4 50

—   Le même, arrangé à 4 mains. . 4 50

CH. LECORBEILLER. *Le Tapis vert* 4 50

—   Le même, arrangé à 4 mains. 4 50

—   *Le Château des Fleurs*. . . . 4 50

—   Le même, arrangé à 4 mains. . 4 50

—   *Le Bal de la Ville*. 4 50

A. LEMOINE. Quadrille sur l'opéra de l'*Épreuve villageoise* 4 50

— Le même, arrangé à 4 mains. 4 50

— Quadrille sur le ballet de *Pâquerette*. 4 50

— Le même, arrangé à 4 mains. 4 50

— *Les Lanciers*, quadrille anglais. 4 50

— Le même, arrangé à 4 mains. 4 50

— Quadrille sur l'opéra de *Psyché*. 4 50

— Le même, arrangé à 4 mains. 4.50

— Quadrille sur l'opérette *Au clair de la Lune*. 4 50

— Le même, arrangé à 4 mains. 4 50

A. LEMOINE. Quadrille sur l'opéra du *Carnaval de Venise*.. . . . . 4 50
— Le même, arrangé à 4 mains. . . 4 50
N. LOUIS. *Ma belle Touraine*.. . . . . 4 50
— Le même, arrangé à 4 mains. . . . 4 50
MUSARD. Deux quadrilles sur l'opéra de la *Fanchonnette*. Chaque. 4 50
— Les mêmes, arrangés à 4 mains. Chaque. 4 50
G. MARCAILHOU. *Marly*.. . . . . 4 50
C. SCHUBERT. Quadrille sur l'opéra du *Billet de Marguerite*.. . . . . . . 4 50
— Le même, arrangé à 4 mains. . 4 50
VIMEUX. *Nostradamus*.. . . . . 4 50
— Le même, arrangé à 4 mains.. . . . 4 50
— *Les Chants populaires* (2ᵉ quadrille).. 4 50
— — (3ᵉ quadrille) . 4 50

VALSES.

M. ALKAN. *Les Brises du printemps*, suite de valses.. . . . . 5 »
CH. BIZOT. Suite de val. s. le bal. de *Pâquerette*. 5 »
— La même, arrangée à 4 mains.. . . . 6 »
BURGMULLER. Valse en feuille sur l'opéra du *Billet de Marguerite*.. . . . . 2 50
E. CROHARÉ. *Les Lauriers-Roses*, suite de valses 4 50
E. ETTLING, suite de valses sur l'op. du *Carnaval de Venise*.. . . . . 6 »
JULIEN. *La prima Donna*, suite de valses.. . . . 5 »
LABITZKI. *Aurora*, suite de valses.. . . . . . 5 »
— *Paulinen*, suite de valses.. . . . . 5 »
CH. LECORBEILLER. *Le Collier de perles*, suite de valses. . . . . 5 »
— *Les Roses de Noël*, suite de valses . 6 »
— La même, arrangée à 4 mains. . . 6 »
— *Nicette*. . . . . 5 »
— La même, arrangée à 4 mains.. . 5 »

CH. LECORBEILLER. *Eliane* 5   »
—   La même, arrangée à 4 mains. . . . 5   «
—   *Les Feuilles de roses*, suite de valses. 6   »
—   La même, arrangée à 4 mains. 7   50

H. LEMOINE FILS. Trois Valses et trois Galops. 4   50

G. MARCAILHOU. *La Gazelle*, gr. valse à 4 m. 6   »
— *Rose et Blanche*, deux valses à 4 mains.
       Nᵒˢ 1 et 2. Chaque. 5   »
— *Les Albanaises*, trois valses. 5   »
— *L'École allemande*, huit grandes valses sur des
       motifs de Strauss, Lanner et Labitzki.
Nᵒ 1. *Vienne*; Nᵒ 2. *Prague*; Nᵒ 5. *Munich*;
   Nᵒ 6. *Dresde*, et Nᵒ 7. *Cologne*. Chaque. . . 5   »

AD. MINÉ. *Les Plaisirs de la Valse*, deux suites
       de valses et cotillons.
1ʳᵉ suite. *Jenny et Flora*, six valses. 4   50
2ᵉ   —   *Aminthe et Paula*, 3 valses et 3 cotil. 4   50
— *Les Plaisirs de la Valse*, quatre suites de
       valses et cotillons à 4 mains.
1ʳᵉ suite. *Jenny et Flora*, 6 valses à 4 mains. 5   »
2ᵉ   —   *Aminthe et Paula*, 3 valses et 3 co-
       tillons à 4 mains. 5   »
3ᵉ   —   *Marie et Thérèse*, 6 valses à 4 m. 5   »
4ᵉ   —   *Marguerite et Edwige*,   —   . 5   »

J. REBSAMEN. *Souvenirs d'enfance*, six valses. 5   »

STRAUSS. Suite de valses sur l'opéra de la *Fan-
       chonnette*. 6   »

POLKAS, POLKAS-MAZURKAS, SCHOTTISCH, ETC.

M. ALKAN. *L'Étoile d'Orient*, schottisch. . . . 4   »
—   *Paola*, redowa. 4   »

J. ASCHER. *Vaillance*, polka militaire arrangée
       à 4 mains par Lentz. 5   »
— Polka sur l'opéra de *Psyché*. 5   »
— Polka-mazurka sur l'opéra de *Psyché*. . . . 5   »
— Polka villageoise. 4   »
— Polka sur l'opéra du *Carnaval de Venise*. . . 5   »

J. ASCHER. *Les Diablotins*, polka . . . . 5 »

CL. AULAGNIER. *Désirée*, polka. . . . . . . 3 »

CH. ALWENS. *Nelly*, polka. 2 50

N. G. BACH. Cinq polkas. . . . . 6 »

H. BERNHOFF. Polka s. l'op. de la *Fanchonnette*. 4 »

ED. BILLARD. *Edimbourg*, schottisch. 2 50
    —   La même, arrangée à 4 mains.. 4 »

CH. BIZOT. Polka sur l'op. de la *Fanchonnette*. 4 »
— Polka-mazurka s. l'op. du *Billet de Marguerite*. 4 »
— Schottisch   —   — . 4 »
— *L'Étoile du soir*, polka-mazurka. . . . . . 4 »
— *Djina*, polka-mazurka. . . . . 4 »
— La même, arrangée à 4 mains.. . . . . . . 5 »
— *Une Fleur d'Allemagne*, schottisch.. . . . . 3 »
— La même, arrangée à 4 mains.. . . . . . . 4 »
— *Milady*, schottisch.. . . . . 3 »
— *Sturm-Marsch*, galop. . . . . 3 »
— Galop sur le ballet de *Pâquerette*.. . . . . 4 »

A. CROISEZ. *L'Étoile*, polka. . . . . 4 »
— *Kenilworth*, *Béatrix* et le *Danube*, 3 polkas. 4 50

M. DECOURCELLE. *Cécilia*, polka. 3 75
— La même, arrangée à 4 mains 3 75

L. FELTZ. Trois polkas originales.. . . . . . . 4 50

CH. FRADEL. *La Bohémienne*, schottisch.. . . . 4 »

GAWLIKOWSKI. *Les Coraliennes*, 3 mazurkas. 5 »

CH. HESS. *L'Éperon d'or*, trois polkas. . . . . 5 »

ED. HOCMELLE. *Céline*, polka-mazurka. . . . 4 »

CH. JOHN. *Justine*, polka.. . . . . 4 »
— Trois polkas. N° 1. *Cécile*. N° 2. *La Califor-*
    nienne. N° 3. *Rosine*. Chaque.. . . . . . 2 »
— *Clara*, polka-mazurka.. . . . . 3 »

JUSTIN. *La Esméralda*, polka. . . . . 3 »

KRIEG. *Cappriciosa*, polka-mazurka. . . . . . 4 »

L. LAMBERT. Polka-mazurka sur l'opéra de la
    Fanchonnette. . . . . 4 »

CH. LECORBEILLER. *Eva*, polka. . . . . 3 »

CH. LECORBEILLER. *Nizza*, polka . . . . . . 3 «
— Deux polkas sur le ballet d'*Ozaï*. Chaque . . . 2 »
— *Lesbie*, polka-mazurka . . . . 4 »
— *Hortensia*, polka-mazurka . . . . 3 »
— *Titania*, varsoviana brillante . . . . 4 »

G. MARCAILHOU. Deux polkas originales 4 50
      —   *Le Souvenir*, grande polka . . 4 »

Z. MARCHANT. *Marie*, polka 2 50

CH. DE MALLEVILLE. *Souvenirs de Trye-Châ-
          teau*, polka-mazurka. 4 »

MESSEMAECKERS. Polka sur l'opéra du *Billet
          de Marguerite* . . . . . . 4 »

A. NOEL. *Céline*, polka . . . . 4 »

J. PASDELOUP. *Fleur d'amour*, polka-mazurka. 4 »

A. PETIT. *Blanche*, polka . . . . 4 »

J. PHILIPOT. Op. 27. *Polka-Bohême* . . . . . 4 »
      —   La même, arrangée à 4 mains . . . 5 »
      —   Op. 38. *Mathilde*, polka-mazurka. 4 »
      —   Op. 53. *Sultane-Polka* . . . . . . 4 »

A. TALEXY. *Fragoletta*, polka-mazurka . . . . 5 »
      —   Polka-mazurka sur l'opéra du *Car-
          naval de Venise* . . . . 5 »

T. THURNER. *Souvenirs d'Ollioules*, polka-ma-
          zurka . . . . 4 »

NEUVIÈME DEGRÉ.

Troisième série. — Moyenne difficulté.

A. CROISEZ. Op. 26. Deux fantaisies italiennes.

         Nᵒ 1. *Naples* . . . . 6 »

         Nᵒ 2. *Venise* . . . . 6 »

— Op. 27. Deux thèmes célèbres à 4 mains.

         Nᵒ 1. *Thème d'Adam* 7 50

         Nᵒ 2. *Thème de Carafa* 7 50

— Op. 31. Deux morceaux de genre sur des motifs de Bellini. Nᵒ 1. Sur les *Puritains*. 7 50

— Op. 37. *Les Rayons d'Italie*, deux fantaisies.

         Nᵒ 2. Sur *Torquato Tasso* . . . . . . 6 »

— Op. 43. Trois morceaux de genre.

         Nᵒ 3. Mélodie irlandaise variée . . . 6 »

CH. CZERNY. Op. 12. Variations sur une valse
favorite viennoise 3 75

— Op. 22. Rondo sur un thème de la *Zelmira* . . 6 »

— Op. 695. Douze Rondos suisses.

         Nᵒ 2. *Bâle* . . . . 5 »

         Nᵒ 5. *Lac de Constance* . . . . 5 »

         Nᵒ 6. *Genève* . . . . 5 »

         Nᵒ 8. *Mont Blanc* . . . . 5 »

— Op. 700. *Délassement de l'étude*, douze morceaux sur des motifs favoris.

         Nᵒ 1. *Air allemand* . . . . 5 »

         Nᵒ 2. *Chanson sicilienne* . . . . 5 »

         Nᵒ 5. *Cavatine de Carafa* . . . . . . 5 »

         Nᵒ 7. *Chanson vénitienne* . . . . . 5 »

         Nᵒ 10. *Romanesca* . . . . 5 »

         Nᵒ 11. *Air russe* . . . . 5 »

— Op. 712. Rondino sur l'opéra de la *Reine
de Chypre* . . . . 6 »

— Op. 729. *Panorama musical*, rondinos et variations. Nᵒ 1. Rondino sur une
mélodie de Krebs . . . . 5 »

— Op. 733. Six rondinos brillants à 4 mains.

         Nᵒ 2. *Thème de Bellini* . . . . 6 »

         Nᵒ 4. *Rondino-galop* . . . . 6 »

         Nᵒ 5. *Thème anglais* . . . . 6 »

M. DECOURCELLE. Op. 8. Nocturne . . . . . . 4 »

     — Op. 13. *Allegrezza*, étude . . . . 4 »

     — Op. 14. *Elise*, valse brillante à 4 mains. 5 »

R. DE VILBAC. Op. 13. Deux Solos. N° 2. Andantino et tempo di scherzo. . . . . 5 »
— Op. 17. QUARANTE-HUIT ÉTUDES SPÉCIALES en 4 suites.
2e suite. Vélocité (sur les gammes) du 9e au 11e degré. . . . . 10 »
— Op. 26. 3e Duo dramatique à 4 mains sur des motifs de *Beatrice di Tenda*. . . . 7 50
— Op. 28. Marche impériale russe. . . . . . . 6 »
L. DE WINDT. *Ascot*, galop brillant. . . . . . 6 »

MUSIQUE POUR PIANO ET VIOLON

OU AUTRES INSTRUMENTS.

AD. ADAM et VÉNY. *Souvenirs des Bouffes*, mélanges pour piano et hautbois, ou violon, ou flûte, avec accomp. de basse *ad. lib.*
1er livre. N° 1. Sur le *Crociato*. 7 50
N° 2. Sur *Tancrède*. 7 50
N° 3. Sur la *Donna del Lago*. . . 7 50
H. BERTINI et FONTAINE. 9e Duo. Notturno pour piano et violon. . . 7 50
CH. CHAULIEU. Op. 35. Sérénade pour piano et hautbois, ou violon, ou flûte. 6 »
— La même, pour piano et violoncelle, ou basson. 6 »
— Op. 128. Duo pour piano et violon sur l'opéra du *Grand prix* d'Adam. . 6 »
HUMMEL. Op. 50. Grande Sonate en *ré* pour piano et violon. . . . . 6 »
— Op. 64. Grande Sonate en *la* pour piano et violon ou flûte. . . . . 6 »
H. LEMOINE. Op. 24, et **N. LOUIS.** Op. 9. Fantaisie concertante pour piano et flûte ou violon (avec accompagnement de basse *ad lib.*) sur le ballet de l'*Orgie*. 7 50

H. LEMOINE. Op. 31, et **N. LOUIS**. Op. 24. Divertiss. pour piano et violon ou flûte sur l'opéra de la *Sentinelle perdue*. . 7 50

— et **N. LOUIS**. Mosaïque pour piano et violon sur l'opéra de *Polichinelle*.. 7 50

— et **N. LOUIS**. *Souvenirs de l'Opéra*, trois airs de ballet pour piano et violon.
N° 1. Sur le ballet du *Diable boiteux*. 6 »
N° 2. — de la *Volière*. . . 6 »
N° 3. — de la *Tarentule*. . 6 «

— et **LAGOANÈRE**. *Souvenirs du Théâtre italien*, mélanges pour piano et violon (avec accompagnem. de basse *ad lib*.
N° 1. Sur *I. Capuletti*. 7 50
N° 2. Sur *Anna Bolena*. 7 50
N° 3. Sur *Donna Caritea*. 7 50

CH. LAGOANÈRE. Op. 42. Nocturne romantique pour piano et violon sur la *Folle*, de Grisar.. 7 50

N. LOUIS. Op. 212. Trois Duos concertants pour piano et violon sur des motifs de Weber. N° 2. Sur *Euriante*. 7 50

H. PANOFKA. Mosaïque pour piano et violon s. le *Val d'Andorre*, en 2 suites. La 1re suite 9 »
— Mosaïque pour piano et violon sur *Charles VI*, en 2 suites. 1re et 2e suites. Chaque. . . . 9 »

CH. SCHWENCKE. Op. 44. Trois Duos p. piano et violon. N° 3. Sur l'*Andalouse* de Monpou. 5 »

MUSIQUE DE DANSE.

QUADRILLES.

CH. ANSIAUX. *Souvenirs de Bogny*, à 2 et à 4 mains. Chaque. 4 50

L. CHOLLET. *Un bal de l'Opéra* 4 50

L. CUSCO. *Souvenir du manoir*. 4 50

A. DUQUÈRE. *Les Étincelles*. 4 50

M. DECOURCELLE. *Le Souvenir*, quadr. à 4 m. 4 50
—   *Le Remplaçant*, quadrille à 4 mains. 4 50

JULIEN. *Le Franc chasseur*, à 2 et à 4 m. Chaq. 4 50

LEFEBURE-WELY. *Le Bal d'été*, quadr. à 4 m. 4 50
—   *Les deux Sœurs*, quadrille à 4 mains. 4 50

H. LEMOINE. *Astolphe*, à 2 et à 4 m. Chaque. 4 50
— Quad. s. l'op. du *Déserteur*, à 2 et à 4 m. Ch. 4 50
— —   de *Richard Cœur-de-Lion*, à 2
  et à 4 mains. Chaque. 4 50
— Deux quadrilles sur le ballet du *Diable amou-*
  reux. Nᵒ 1 et 2. Chaque. 4 50
— Les mêmes, arrangés à 4 mains. Chaque. . . 4 50
— Qnadrille sur le ballet de la *Volière*, à 2 et à
  4 mains. Chaque. 4 50
— Quadrille sur l'opéra de *Polichinelle*.. . . . 4 50

ACH. LEMOINE. *Jemmy*, à 2 et à 4 m. Chaque. 4 50
—   Quadrille sur le ballet de la *Somnambule*. 4 50

N. LOUIS. *Une visite à Heidelberg*.. . . . . . 4 50
— *Les Néothermiennes*, à 2 et à 4 m. Chaque. . 4 50
— *Les Rivales*, à 2 et à 4 mains. Chaque. . . . 4 50
— Le même, concertant pour piano et violon,
  ou flûte et basse 4 50

G. MARCAILHOU. *Bayard*, à 2 et à 3 m. Chaque. 4 50
— *Roland*,   —   — . 4 50
— *Gaston de Foix*,   —   — . 4 50
— *Trianon*,   —   — . 4 50
— *Le Téméraire*,   —   — . 4 50
— *Le Diable à Paris*,   —   — . 4 50
— *Le Juif-Errant*,   —   — . 4 50
— *Les Soirées de Grenade*, 2 quadrilles. Nᵒˢ 1
  et 2. Chaque. 4 50
— Les mêmes, à 4 mains. Chaque.. . . . . . . 4 50

E. TRÉVILLE. *Fleur des champs*. 4 50

WUGK-SABATIER. *Le Véloce*.. . . . . 4 50

VALSES.

N. G. BACH. Op. 21. *France et Espagne* valse à
4 mains. . . . . 5 »

BENOIST. Grande valse sur le ballet du *Diable
amoureux*. . . . . 4 »

JULLIEN. Valse du mariage de la Reine d'Angle-
terre . . . . 5 »

— *La Francesca*, grande valse à 4 mains. . . . 5 »

A. DE KONTSKI. Op. 52. *Une Corbeille de fleurs.* 4 50

DE LANGALERIE. *La Sentimentale et l'Élégante*,
deux valses favorites.. . . 6 »

      —   *La Brillante*, grande valse. . 5 »

CH. LE CORBEILLER. *Ophélia*, gr. valse brill. 5 »

— Op. 11. *Les Clochettes*, suite de valses. . . 5 »

— Op. 13. *La belle Inès*, grande valse brillante. 5 »

— *Carolina*, à 2 et à 4 mains. Chaque. 4 50

— *Suavita*. . . . . 4 »

LEFEBURE-WELY. *Les Follettes*, suite de valses. 4 50

H. LEMOINE. Cotillon, ou suite de valses sur
le ballet d'*Ozaï*. . . . . . . 6 »

— Valse sur le ballet du *Diable amoureux*. . . 4 »

— *Julia*, grande valse brillante. . . . . 5 »

G. MARCAILHOU. *Valéria*, grande valse.. . . 5 »

— *La Rose royale*. grande valse.. . . . . . . 5 »

— *La Toulousaine*,   —   . . . . . . 5 «

— La même, à 4 mains. . . . . 6 »

— *La Fauvette*, grande valse. . . . . 5 »

— La même, à 4 mains. . . . . 6 »

— *La Tourterelle*, grande valse. . . . . . . 5 «

— *La Sicilienne*,   —   . . . . 5 »

— La même, arrangée à 4 mains . . . . 6 »

— *Olga*, grande valse.. . . . . 5 »

— La même, à 4 mains. . . . . 6 »

— *La Pervenche*, grande valse brillante. . . . 5 »

— *La Circassienne*.   —   . . . . 5 »

— *Lelia*   —   . . . . 5 »

G. MARCAILHOU. *Donna Maria*, gr. valse à 4 m.   6   »
— *Élise et Marie*, deux valses..........   5   »
— *Rose et Bluet*, deux valses brillantes......   5   »
— *Brune et Blonde*, deux grandes valses.....   5   »
— *Les deux Sœurs de Castille*, deux valses fa-
    vorites (avec basse *ad lib.*)........   5   »
— *Souvenirs de l'Ariége*, 2 valses caractéristiq.   5   »
— *L'École allemande.* N° 3. *Prague*......   5   »
                N° 4. *Berlin*......   5   »

QUIDANT. *Une Fête au village*........   3   »

STRAUSS. Suite de valses sur l'opéra du *Billet
    de Marguerite*...........   6   »

POLKAS, POLKAS-MAZURKAS, SCHOTTISCH, ETC.

J. ASCHER. *Vaillance*, polka militaire.....   4   »
—   *Stellina*, polka..........   4   »
—   *Pepita*, polka..........   4   »
—   *Louise*, polka brillante......   4   »

ED. ALWENS. *Lina*, schottisch........   2   50

A. ANSON. *Mélina*, polka-mazurka......   3   »

CH. BIZOT. *Alice*,   —   4   »
—   *Biondinetta*,   —   4   »
—   *Floretta*, redowa..........   3   »
—   Schottisch sur le ballet de *Pâquerette*.   2   50

EM. BRICE. *Gabrielle*, polka.........   2   50

CH. FRADEL. *L'Américaine*, polka sur un mo-
    tif national américain.....   4   »

H. FRANCK. *Régina*, polka brillante.....   4   50
—   *Violette*, polka brillante.....   3   »
—   *Marguerite*, polka brillante...   3   »

C. GIDE. Polka sur le ballet d'*Ozaï*......   5   »

CH. HESS. *Les Caractéristiques*, trois polkas
    brillantes............   5   »

CH. JOHN. *Furore-galop*..........   4   »
—   Le même, arrangé à 4 mains.....   5   »

A. DE KONTSKI. Op. 77. Six polkas nationales 5 »

CH. LE CORBEILLER. *Hilda*, polka-mazurka. . 3 »

H. LEMOINE. Polka nationale favorite.. . . . . 3 »

G. MARCAILHOU. *Le Goût du jour*, polka-ma-
       zurka 2 50

— *Les Dames de Paris*, grande polka. . . . . 4 »
— La même, à 4 mains.. . . . . 5 »
— *Les Varsoviennes*, trois mazurkas nationales. 4 50
— Trois polkas nationales 4 50

T. MOZIN. Op. 15. *Titiana*, polka élégante. . 4 50

PASDELOUP. Op. 21. *La Praticienne*, polka
     brillante. . . . . 4 »

J. PHILIPOT. Op. 18. Deux polkas brillantes.
      N° 1. *Elisa*.. . . . . . 4 »
 — Op. 20. Polka hongroise (2ᵉ édition) . 4 »
 — Op. 28. Redowa viennoise.. . . . . . 4 »
 — Op. 31. *Georgina*, polka russe.. . . 4 »

E. REYER. *Musidora*, valse et polka. . . . . 6 »

J. SCHIFFMACKER. Op. 4. *Lydie*, polka . . . 3 »

G. SCHMIDT. *Les Grâces*, polka. 3 75

A. TALEXY. Polka-mazurka sur l'opéra de *Fan-*
    chonnette.. . . . . 5 »

WALDTEUFEL. *Le grand Tambour-major*, polka 3 75
   — La même, à 4 mains. 4 50

DIXIÈME DEGRÉ.

Troisième série. — Moyenne difficulté.

T. DŒHLER. Op. 20. Rondino sur la *Festa della Rosa* . . . . 6 »

J. L. DUSSEK. Op. 10. Deux Sonates avec accompagnement de violon *ad lib*.
        N. 1. En *la* . . . . 6 »
        N. 2. En *sol* mineur . . . . 6 »
— Op. 12. Deux Sonates avec accompagnement de violon *ad lib*. La 1re en *fa* . . . 6 »
— Op. 19. Trois Sonates avec accompagnement de violon *ad lib*. La 3e en *mi* ♭ . . 6 »
— Op. 22. 5e Concerto 7 50

J. B. DUVERNOY. Op. 75. Divertissement sur un motif de l'*Éclair* . . . . 6 »

CH. FRADEL. Sérénade militaire . . . . 6 »

GÉLINEK. Variations sur la valse de la *Reine de Prusse*, doigtée par Lemoine . . . 4 50

PASCAL-GERVILLE. Premier Nocturne . . . . . 4 »

A. GUTMANN. Op. 8. Deux Nocturnes . . . . . 5 »
— Op. 25. Deux Mélodies . . . . 6 »
— Op. 45. *Le Chant du Pêcheur*, barcarolle . . 6 »

ST. HELLER. Op. 32. Boléro sur la *Juive* . . . 6 »

J. HERZ. Op. 35. Grande valse sur la *Reine de Chypre* . . . . 6 »
— Op. 39. Trois Airs de ballet de *Charles VI*.
        N. 3. *La Bourrée* 7 50

J. CH. HESS. *Vive l'Empereur !* grande marche . 5 »

HUMMEL. Op. 11. Rondo brillant en *mi* ♭ . . . 4 »
— Op. 67. VINGT - QUATRE PRÉLUDES dans tous les tons 4 50

F. HUNTEN. Op. 165. Fantaisie sur le *Val d'Andorre* . . . . 6 »

J. LEYBACH. Op. 4. Deuxième Nocturne . . . 5 »

N. LOUIS. Op. 30. Premier duo expressif à 4 m. 7 50
— Op. 40. Deuxième duo expressif à 4 mains . . 7 50

CH. MAYER. Op. 74. *La Tarentelle* . . . . . 6 »
— Op. 136. Nocturne . . . . 4 »

CH. MAYER. Op. 182. Valse élégante.. . . . . 6 »
—   Op. 184. Romanesca . . . . 6 »

Z. MARCHANT. Op. 7. *Souvenir natal*, mélodie-
valse . . . . 5 »

A. MOCKER. Op. 101. *La Vallée du Lys*, mazurka de salon. . . . . 4 »
— Op. 108. *Il tempo passato*, canzone toscana
de Gordigiani, transcrite.. . . . . 4 »

MÉHUL. Ouverture du *Jeune Henri*, arrangée
par l'auteur. . . . . 5 »

MOZART. Andante avec variations à 4 mains. . 5 »
— Ouverture de la *Flûte enchantée*, arrangée à
4 mains par de Vilbac. . . . . 6 »
— Op. 6. Première Sonate en *ut*.. . . . . . . 7 50

G. OSBORNE. Souvenirs de la *Juive*, à 4 mains. 9 »
—   Op. 76. *La Capricieuse*, fantaisie. 6 »

J. PHILIPOT. Op. 15. Trois Solos.
N° 1. *Barcarolle*. . . . . 5 »
N° 3. *Air de ballet* . . . . 5 »
— Op. 21. Deuxième étude de salon. *Pepita*,
chanson créole. . . . . 4 »
— Op. 40. *Carmen*, valse espagnole.. . . . . 6 »

J. P. PIXIS. *Le Garçon suisse*. arr. à 4 mains. 6 »

H. ROSELLEN. Op. 25. Trois Fantaisies sur des
motifs de Donizetti.
N° 1. Sur l'*Elisire d'Amore*.. . . . 6 »
N° 2. Sur *Roberto d'Evreux*.. . . . 6 »
N° 3. Sur *Belisario*. . . . . 6 »
— Op. 33. Deux Divertissements sur le ballet du
Diable amoureux. N°ˢ 1 et 2. Chaque. 6 »
— Op. 58. 2 Fantaisies. N. 1. Sur *Inès de Castro*. 7 50

J. ROSENHAIN. Op. 39. Deux Solos.
N° 1. Rondo en *mi* ♭. 4 50

E. ROSENHAIN. Op. 6. Nocturne 4 50

ROSSINI. Ouverture du *Barbier de Séville*, arr.
par l'auteur avec accomp. de violon *ad. lib.* 5 »
— La même. arrangée à 4 mains par Chaulieu. 6 »

ROSSINI. Ouverture d'*Otello*.   5   »
— La même, arrangée à 4 mains..   6   »
— Ouverture de la *Cenerentola*.   5   »
— La même, arrangée à 4 mains par Lemoine..   6   »
— Ouverture de l'*Italienne à Alger*, arrangée à
    4 mains par Lemoine.   6   »
J. SCHAD. Op. 36. *Petit Ange* 1re mélodie-valse.   6   »
J. SCHULHOFF. Op. 33. Impromptu-polka ar-
    rangé à 4 mains par Brice..   7 50
CH. SCHWENCKE. Op. 51. Fantaisie à 4 mains
    sur la valse de Strauss, *Philomèle*.   6   »
— Op. 52. Fantaisie à 4 m. s. des airs de ballet.   6   »
TH. THURNER. *Gretchen*, polka-mazurka, mor-
    ceau de salon..   5   »
R. DE VILBAC. Op. 25. Trois Caprices.
    N. 1. *Vallée suisse*, rêverie.   5   »
    N. 2. *Bella Notte*, canzonetta. . . .   5   »
— Ouverture de l'opérette *Au clair de la lune*,
    arrangée à 4 mains par l'auteur.. . . .   6   »
— Beautés de la *Sémiramide*. arrangée à 4 mains
    en trois suites. La première.   9   »
CH. VOSS. Op. 46. *L'Inquiétude*, étude carac-
    téristique. 3 75

———

MUSIQUE POUR PIANO ET VIOLON

OU AUTRES INSTRUMENTS.

A. ADAM et **VÉNY**. *Souvenirs des Bouffes*, mélanges pour piano et hautbois, ou flûte ou
violon avec basse *ad lib*.
    2e Livre. N° 1. Sur la *Cenerentola*. 7 50
    N° 2. Sur *Mosè*.. . . . .   7 50
    N° 3. Sur la *Gazza Ladra*.. . . .   7 50

H. BERTINI. Op. 92. Souvenirs du *Barbier de Séville*, duo concertant pour piano et violon avec accompagnement de basse *ad lib*. . . .   7 50

CH. CHAULIEU et **GEBAUER**. *Me voilà*, thème favori de la *Clochette* d'Hérold, varié pour piano et basson ou flûte. . . .   7 50

L. DUSSEK. Op. 24. Trois Sonates pour piano et violon et basse obligée. N° 1. En *fa*. . .   6   »
                             N° 2. En *ré*. . .   6   »
                             N° 3. En *si* ♭. .   6   »

GALLAY. Op. 35. Duo pour piano et cornet à pistons sur l'*Éclair*.   6   »

F. HALÉVY. Mélange sur des motifs de la *Juive*, pour piano et clarinette.. . . .   7 50

J. HAYDN. Op. 86. Trois Sonates pour piano et violon, avec accompagnement de basse *ad lib*.   12   »

F. KALKBRENNER. Op. 26. Troisième trio en *mi* ♭ pour piano, violon et violoncelle.   12   »
— Op. 100. *Les Soirées de Saint-Cloud*, trois bacchanales à 4 mains, avec accompagnem. de harpe, triangle et castagnettes *ad lib*. .   12   »

J. LABADENS. Op. 7. Fantaisie pour piano et violon sur la *Juive*..   9   »

TH. LABARRE. Duo facile pour piano et harpe sur le *Val d'Andorre*. . . .   9   »

A. H. LEMOINE et **N. LOUIS**. Op. 3 et 5. Fantaisie concertante pour piano et violon sur *Mathilde de Sabran*.   9   »
      —   Op. 6 et 45. Fant. concert. p. piano et violon, avec acc. de basse *ad lib*., sur un motif de Meyerbeer..   9   »

H. LEMOINE et **N. LOUIS**. Op. 21 et 8. Fantaisie pour piano et flûte sur une cavatine d'Adam..   6   »

— et **SÉLIGMANN**. Op. 39 et 23. Fantaisie concertante pour piano et violoncelle sur des motifs du ballet du *Diable amoureux*. . .   9   »

N. LOUIS. Op. 4. Fantaisie pour piano et violon
sur la rom. favorite *Vierge timide du bocage*   7 50
— Op. 59. Sixième Sérénade pour piano et violon
sur l'opéra de la *Double Échelle*...   7 50
— Op. 63. Huitième Sérénade pour piano et violon sur des motifs de ballet. . . .   7 50
— Op. 212. *Souvenirs de Weber*. Trois Duos concertants pour piano et violon. N. 3.   7 50

MAYSEDER. Op. 35. Divertissement pour piano
et violon. . . . . ,   4 50

MOZART. Op. 2. Six Sonates pour piano et violon avec accomp. de basse *ad lib.*,
en deux livraisons. Chaque. . . .   9 »

H. PANOFKA. Mosaïque pour piano et violon sur
le *Val d'Andorre*, en 2 suites. Seconde suite.   9 »

CH. WEHLE. Op. 49, et **LALO.** Op. 18. *Soirées
parisiennes*, trois morceaux caractéristiques
pour piano et violon. N. 3. *Idylle*.. . . . .   5 «

———

MUSIQUE DE DANSE.

CONTREDANSES.

N. G. BACH. *Le Roi des Gnomes*, quadrille
brillant à 4 mains 4 50
J. DÉJAZET. Op. 36. *Les Marocaines*, quadrille
brillant. 4 50
— *Les Gracieuses*, quadrille varié
arr. à 4 mains par H. Lemoine.   5 »
H. FRANCK. *Asmodée*. 4 50
JULIEN. *La Saint-Hubert*, arr. par H. Lemoine.   4 50
— Le même, arrangé à 4 mains par H. Lemoine.   4 50
KARL-STANG. *Les Soirées dansantes*. 2 quadr.
N. 1. *Les Enfants de Paris*..   4 50
N. 2. *Les Canotiers*. 4 50

A. DE KONTSKI. Op. 37. *Les Perce-Neige*, à 2 et à 4 mains. Chaque. . . 4 50
— Op. 49. *Les Camélias*, à 2 et à 4 m. Chaque. 4 50
— Op. 59. *Les Nuits de l'Opéra*, à 2 et à 4 m. Ch. 4 50
— Op. 73. *Souvenirs de Dieppe*, — . 4 50
— *La Fête des Gitanos*, quadrille espagnol. . . 4 50

N. LOUIS. *Rouge et Noir*, deux quadr. Chaque. 4 50
— Les mêmes, arr. à 4 mains. Chaque. 4 50

H. LEMOINE. *Souvenirs de Nice*, 2 quadr. Chaq. 4 50
— Les mêmes, arr. à 4 m. Chaque.. 4 50

— et **N. LOUIS**. Les mêmes, dialogués pour piano et violon ou flûte avec basse *ad lib*. Chaque. 4 50
— Deux quadr. sur le ballet de l'*Orgie*. Chaque. 4 50
— Les mêmes, arrangés à 4 mains. Chaque. . . 4 50
— Deux quadr. sur le ballet de la *Somnambule*, à 2 et à 4 mains. Chaque.. . . . . 4 50
— Trois quadr. sur le ballet de la *Tarentule*, à 2 et à 4 mains. Chaque.. . . . . 4 50

LEFEBURE-WELY. Op. 5. *Le Départ et le Retour de la Chasse*. 2 quadr. à 4 mains. Chaq. 4 50

G. MARCAILHOU. *Les Soirées d'hiver*, deux quadrilles à 2 et à 4 mains. Chaque.. 4 50

— *Bonjour, Bonsoir*, 2 quadr. à 2 et à 4 m. Ch. 4 50

VALSES.

N. G. BACH. Op. 13. *La Belle Française*, grande valse. . . . . 5 »

BURGMULLER. Grande valse sur l'opéra de la *Fanchonnette*, arrangée à 4 mains. . 7 50

A. CHARLOT. Op. 2. Trois valses brillantes. Nº 1. *Marie*. . . . . 5 »

L. CHOLLET. *Fleurs d'Automne*.. . . . . . . 4 50

CORBET. *Les Rêveuses*, cinq valses brillantes. . 6 »

L. FELTZ. *La Couronne de fleurs*, suite de valses 4 50

JULIEN. *Les Girouettes*, suite de valses, arrangées par H. Lemoine. . . . . 5 »

A. DE KONTSKI. Op. 39. *Picciola*, suite de valses 4 50
— Op. 74. *Les Perrenches*, suite de valses. . . 4 50
— Op. 102. *Souvenir de Bordeaux*, valse brill. 6 »

E. KAUFFEISEN. *Parme et Plaisance*, deux valses brillantes. . . . . 6 »

N. LOUIS. *Les Lyonnaises*, suite de valses. . . 5 »

LEFEBURE-WELY. Op. 2. *Les Pensées*, suite de valses. 4 50
— Op. 4. *La Guirlande de roses*, cinq grandes valses brillantes à 4 mains. 7 50

H. LUMBYE. *Souvenir de Vienne*, suite de valses. 5 »
— *Salut au pays natal*, suite de valses. 5 »

CH. LE CORBEILLER. *La Branche de saule*, valse élégante. . . . . 5 »

G. MARCAILHOU. *Indiana*, gr. valse (4e édit.). 5
— La même, arr. à 4 m. par H. Lemoine.. 6 »
— *Le Comte de Paris*, grande valse.. . . 5 »
— *Constantine*, grande valse.. . . . . . 5 »
— *Fleur de Marie*, grande valse brillante. 5 »
— La même, arrangée à 4 mains. . . . . 6 »

MOLBERG. *Rigolette*, grande valse.. . . . . . 5 »

J. PHILIPOT. Op. 40. *Carmen*, valse espagnole. 6 »

E. REYER. *Psilmoë*, grande valse. . . . . . . 5 »

SCHIFFMAKER. Op. 2. *Anna*, valse brillante.. 5 »

STRAUSS. *La belle Gabrielle*, suite de valses. . 4 50
— *Philomèle*,   suite de valses. . . . 4 50
— *La belle Rose*,   —   . . . 4 50
— *L'Iris*,   —   . . . 4 50
— *Les Fusées volantes*, —   . . . 4 50
— *Les Hommages*,   —   . . . 4 50

(Ces six suites sont arrangées pour piano par H. Lemoine.)

R. DE VILBAC. Op. 2. Suite de valses brillantes. 6 »
— Grande valse brillante dédiée à la princesse Clémentine. . . 4 50

4.

WALDTEUFEL. *La Sentimentale*, grande valse
     arrangée par A. Lemoine. 5   »
 — La même, arr. à 4 m. par A. Lemoine. . 6   »
 — *La Glorieuse*, gr. valse arr. par Em. Brice. 5   »
 — La même, arr. à 4 mains par Em. Brice. . 6   »

POLKAS, POLKAS-MAZURKAS, SCHOTTISCH, ETC.

GAWLIKOWSKI. *Souvenirs de mon pays*, trois
     polkas. 4   »
A. DE KONTSKI. Op. 82. *Les Étincelantes*, ma-
     zurkas. 5   »
H. LEROT. *L'Élégante*, polka. 2 50
G. MARCAILHOU. Trois mazurkas. 4 50
J. PHILIPOT. Op. 18. Deux polkas brillantes.
              N° 2. *Clélie*. 4   «
 —   Op. 39. *Erminia*, polka moldave. . . 4   »
 —   Op. 58. *La Giovanina*, polka. 4   »
 —   Redowa sur l'opéra de la *Fanchonnette* 5   »
 —   Schottisch   —   — 4   »
 —   Polka   —   — 5   »
TH. THURNER. *Gretchen*, polka-mazurka. . . 5   »
WALDTEUFEL. *La Gracieuse*, polka arrangée
     par A. Lemoine. 3 75
 — La même, arr. à 4 mains par A. Lemoine. . 4   »
 — *La Reine des Soirées*, polka arr. par A. Lemoine 3 75
 — *Le grand Tambour-Major*, polka arrangée
     par A. Lemoine. 3 75

ONZIÈME DEGRÉ.

Quatrième Série. — Difficile.

J. ASCHER. *La Perle du Nord*, mazurka élégante 6 »
— *Mazurk des Traîneaux*. . . . . 6 »
— Op. 24. *Danse espagnole*, arrangée à 4 mains par de Vilbac. 7 50
— Op. 55. *Danse des paysans russes*, caprice-mazurk. 7 50
— Op. 75, et **DE VILBAC.** Op. 29. *Fête des Moissonneurs*, morc. caractérist. à 4 m. 7 50

CH. ANSIAUX. Op. 2. Deux mélodies. . . . . 5 »
— Op. 4. *Procida*, barcarolle, étude de salon 5 »
— Op. 7. Deuxième grande valse de salon. . 6 »

N. G. BACH. Op. 4. Rondo brillant sur des motifs d'*Otello*. . . . . 5 »

L. BEETHOVEN. Ouvert. d'*Egmont*, arr. à 4 m. 6 »
— Ouverture de *Coriolan*, arr. à 4 mains. 6 »
— Ouverture de *Prométhée*, arr. à 4 mains 6 »

L. BATTA. Op. 22. *Dalila*, mazurka. . . . . . 6 »

M. BERGSON. Op. 35. Impromptu-mazurka . . 5 »

H. BERTINI. Op. 78. Variations brillantes sur un thème original en *la*. . . . . . 6 »
— Op. 135. VINGT-CINQ ÉTUDES MUSICALES à 4 mains (9e *cahier*), du 11e au 13e degré. . . 25 »

E. BRICE. Marche nationale hongroise, arrangée à 4 mains. 7 50

AD. GUTMANN. Op. 14. Deux Mazurkas. . . . . | 6 | »
— Op. 16. Deux Nocturnes. . . . . | 5 | »
— Op. 18. *Pendant la valse*, valse | 6 | »
— Op. 24. Troisième Valse. . . . . | 6 | »
— Op. 28. *Berceuse*. . . . . . . | 6 | »
— Op. 34. Pastorale. . . . . . . | 6 | »
— Op. 37bis. *Le Tourbillon*, galop brill. à 4 m. | 7 | 50
— Op. 41. *Friedrichs-Marsche*, deux pas redou-
blés. N° 1. En *fa*. . . . . | 6 | »

F. HALÉVY. Ouvert. du *Val d'Andorre*, arr. par
Garaudé, avec accompag. de violon *ad lib*. | 6 | »
— Ouverture des *Mousquetaires de la Reine*, ar-
rangée à 4 mains. . . . . | 7 | 50
— Ouverture de la *Juive*, arrangée à 4 mains. . | 7 | 50

S. HELLER. Op. 31. Petite Fantaisie s. la *Juive*. | 6 | »

F. HÉROLD. Op. 4. Trois Caprices. . . . . . | 7 | 50
— Op. 5. Deux Sonates. La première en *mi*. . . | 6 | »
— Op. 29. Andante et rondo sur la *Sémiramide*. | 6 | »

H. HERZ. Op. 46. Air suisse varié, arrangé à 4
mains par L. Farrenc. . . . . . . | 7 | 50

J. HERZ. Op. 39. 3 Airs de ballet de *Charles VI*.
N° 1. *La Pavane*. . . . . | 7 | 50
N. 2. *La Mascarade*. . . . . | 7 | 50

J. HUMMEL. Ouverture de *Le Retour des mo-
narques*, arrangé à 4 mains. . . | 6 | »

F. HUNTEN. Op. 103. *Les Concurrents*, deux
morceaux brillants.
N. 2. Variat. s. la cavatine d'*Anna Bolena*. | 6 | »

F. KALKBRENNER. Op. 117. Introduction et
Rondo sur le ballet de l'*Orgie*. | 7 | 50

W. KUHE. Op. 26. Six Pensées musicales divisées en 2 livres.
2e livre. N° 4. *L'Agrément*. N° 5. *L'Es-
pérance*. N° 6. *L'Impatience*. . . . . | 5 | »

A. L'HOTE. Op. 1er. *Les Cascatelles*, caprice. . | 6 | »

J. LEYBACH. Op. 12. Première Rêverie. . . . | 6 | »
Op. 16. Idylle pastorale. . . . . | 5 | »

N. **LOUIS**. Op. 50. 3e Duo expressif à 4 mains.   7 50
— Op. 60. Thème original varié à 4 mains...   7 50
— Op. 84. Variations brillantes à 4 mains sur
     un motif de Donizetti........   7 50
— Op. 96. Variations brillantes à 4 mains sur
     un thème original.........   7 50
— Op. 258. Quatrième Duo expressif à 4 mains.   7 50
CH. B. LYSBERG. Op. 3. Quatre romances sans
     paroles..........   5 »
— Op. 41. Fantaisie sur des airs suisses....   7 50
— Op. 55. *Chant du Nautonier*, barcarolle...   6 »
G. MATHIAS. Op. 18. 3 romances sans paroles.   7 50
CH. MAYER. Op. 208. *La belle Cracovienne*,
     mazurka...........   6 »
      —   Op. 213. Sérénade sentimentale.   4 »
Z. MARCHANT. Op. 1er. Tarentelle chromatique.   6 »
R. MAZEL. Op. 12. Galop suisse........   5 »
L. MESSEMAECKERS. Op. 73. *Souvenirs du
     château de Bierbais*, rêverie.   5 »
MÉHUL. Ouverture du *Jeune Henri*, arrangée à
     4 mains par H. Lemoine......   7 50
MOZART. Op. 5. Deux Sonates. La 1re en *ut*;
     la 2e en *la*. Chaque........   6 »
   —   Op. 6. 2 Sonates. La 2e en *la* min..   6 »
J. O'KELLY. Op. 13. *Rayons de printemps*,
     morceau de salon.......   6 »
A. ORLOWSKI. Op. 19. Grande valse à 4 mains.   7 50
G. OSBORNE. Op. 51. Rom. sans paroles en *la* ♭   5 »
   —   Op. 77. Fant. s. le *Val d'Andorre*.   7 50
A. PETIT. Op. 2. Étude de salon.......   5 »
J. PHILIPOT. Op. 9. *Isaure*, fantasia.....   5 »
— Op. 15. Trois Solos. N° 2. Impromptu.   5 »
— Op. 17. *Bruyère*, gr. valse brillante..   5 »
J. PIXIS. Op. 77. Rondo mignon.......   5 »
H. RAVINA. Op. 3. VINGT-CINQ ÉTUDES CARAC-
     TÉRISTIQUES, dédiées à sa mère,
     du 11e au 13e degré...... 20 »

R. DE VILBAC. *Beautés de Sémiramide*, arr. à
4 m. en 3 suites. N°s 1, 2 et 3. Chaque. .   9   »
Les 3 suites réunies dans un seul vol. 20   «

— *Beautés des Puritains*, arr. à 4 mains en 3
suites. N°s 1, 2 et 3. Chaque.   9   »
Les 3 suites réunies dans un seul vol. 20   »

— *Beautés de Weber*, arr. à 4 mains en 3 suites.
N° 1. Sur *Freyschutz*. N° 2. Sur *Euriante*.
N° 3. Sur *Oberon*.   9   »
Les 3 suites réunies dans un seul vol.. 20   »

— *Beautés de la Fanchonnette*, arr. à 4 m. en
3 suites. N°s 1, 2 et 3. Chaque. . . .   9   »
Les 3 suites réunies dans un seul vol. . 20   »

— *Beautés de Psyché*, arr. à 4 mains en trois
suites. N°s 1, 2 et 3. Chaque.   9   »
Les 3 suites réunies dans un seul vol. 20   »

— *Beautés de la Reine de Chypre*, arr. à 4 m. en
trois suites.. N°s 1, 2 et 3. Chaque. .   9   »
Les 3 suites réunies dans un seul vol. . 20   »

— *Beautés des Mousquetaires de la Reine*, arr.
à 4 m. en 3 suites. N°s 1, 2 et 3. Chaque.   9   »
Les 3 suites réunies dans un seul vol. 20   »

— *Beautés du Val d'Andorre*, arr. à 4 m. en
trois suites. N°s 1, 2 et 3. Chaque. . . .   9   »
Les 3 suites réunies dans un seul vol. . 20   »

— *Beautés de l'Éclair*, arrangées à 4 m. en 3
suites. N°s 1, 2 et 3. Chaque. . . .   9   »
Les 3 suites réunies dans un seul vol. . 20   »

MUSIQUE POUR PIANO ET VIOLON

OU AUTRES INSTRUMENTS.

L. V. BEETHOVEN. Deux thèmes des *Mystères
d'Isis*, de Mozart, variés pour piano et
violoncelle ou violon. N° 1. *Je vais re-
voir l'amant que j'aime.*   6   »

H. BERTINI. Op. 95. Caprice sur le *Pirate*, pour piano et violon avec acc. de basse *ad lib*.   7 50
— Op. 96. Fantaisie sur *Anna Bolena*, pour piano et violon avec acc. de basse *ad lib*.   7 50
A. BESSEMS. Op. 26. Trois mélodies pour piano et violon..   7 50
CH. CHAULIEU et **FONTAINE**. Variations concertantes pour piano et violon sur un thème d'*Armide*.   7 50
— Op. 15. Grande Sonate concertante pour piano et violon.   7 50
— Op. 33. Trio pour piano, violon et violonc.   9 »
— Le même, arr. en duo pour piano et violon.   7 50
DAVEZAC. 2e thème varié p. piano et violoncelle.   7 50
J. DÉJAZET. Op. 2, et **DAVEZAC**. 1er thème varié pour piano et violoncelle, dédié à Mlle Georgeon.   7 50
— Op. 13, et **DAVEZAC**. Op. 4. Duo concertant pour piano et violoncelle. dédié à Mlle de la Neuville..   7 50
J. L. DUSSEK. Op. 24. Trois Sonates avec violon et basse obligés. La 2e en *ré*.   6 »
La 3e en *si* ♭.   6 »
— Œuvre posthume. Deux Sonates avec violon et violoncelle obligés.   15 »
M. GUICHARD. Op. 17. Duo concertant pour piano et violon sur le *Val d'Andorre*.   9 »
— Le même, pour piano et cornet à pistons.   9 »
AD. HERMAN. Op. 25. Duo brillant pour piano et violon sur le *Billet de Marguerite*.   9 »
J. HUMMEL. Op. 50. Grande Sonate en *ré* avec violon ou flûte obligés..   6 »
T. LABARRE. Op. 86. Duo pour piano et harpe sur l'*Éclair*.   9 »
LEFEBURE-WELY et **TRIEBERT**. Fant. concert. p. piano et hautbois, ou flûte, ou violon.   7 50

MAYSEDER. Op. 14. Variations concert. pour piano et violon sur un air de *Jean de Paris*.. . . . . 6 »

G. OSBORNE et **ERNST.** Souvenirs de la *Juive*, duo concert. p. piano et violon. 7 50

— et **BÉRIOT.** Duo pour piano et violon sur la *Reine de Chypre*. . . 9 »

— et **DENEUX.** Le même, pour piano et flûte.. . . . . 9 »

H. PANOFKA. Op. 10. Fantaisie brillante pour piano et violon sur la *Juive*. . 9 »

— et **LEE.** La même, pour piano et violoncelle.. . . . . 9 »

L. PUGET et **DAVID.** Fantaisie concertante pour piano et violon sur deux romances de **Puget**: *Noël* et *Don Juan aux enfers*. 7 50

P. SELIGMANN. Op. 49. Fant. pastorale pour piano et violoncelle sur le *Val d'Andorre*. 9 »

CH. WEHLE et **LALO.** Op. 46 et 18. *Soirées parisiennes*, trois morceaux caractéristiques pour piano et violon. Nº 1. Ballade. . . . . 5 »

MUSIQUE DE DANSE.

CH. ALWENS. *Edith*, polka-mazurka brillante. 5 »

CH. BIZOT. Gr. valse s. le ballet de *Pâquerette* 5 »
— *Les Camélias blancs*, suite de valses 5 »

BURGMULLER. Grande Valse sur l'opéra de la *Fanchonnette*.. . . . . 6 »
— Gr. Valse sur l'opéra du *Billet de Marguerite*. . . . . 6 »

A. CHARLOT. Op. 2. 3 valses brill. Nº 2. *Zoé*. 5 »

J. DÉJAZET. Op. 23. Douze valses brillantes en deux suites. Chaque.. . . . 5 »

J. DÉJAZET. *La dernière Fleur*, gr. valse brill.   5   »
   —   *Les Gracieuses*, quadrille varié..   5   »

H. FRANCK. *Bianca*, suite de valses.......   4   50
   —   *Valentine,*   —   5   »
   —   *Les Nuits de Paris*, suite de valses.   5   »
   —   *La Gitana*, suite de valses. ...   4   50

CH. LE CORBEILLER. Op. 17. Grande Valse..   5   »

H. LEROT. *L'Ardennaise*, grande valse. ...   5   »

A. LEMOINE. *Les deux Sœurs*, deux quadrilles.
        Le N° 2 à 2 et à 4 mains. Chaq.   4   50

N. LOUIS. Op. 162. *Les Délices de Hombourg*,
        valse brillante...........   6   »

CH. B. LYSBERG. *Les Suissesses*, suite de valses   6   »

J. MOLBERG. *Colonia*, grande valse brillante..   6   »

A. MONTFORT. Six Valses brillantes......   6   »

TH. MOZIN. Op. 15. *Marie-Rose*, grande valse.   4   50

A. MULLER. *Rose et Papillon*,   —   .   6   »

J. PHILIPOT. Op. 16. *Les Lionnes*, suite de
        valses............   7   50
   —   Op. 17. *Bruyère*, gr. valse brill.   5   »

H. RAVINA. *Les Anonymes*, deux quadrilles
        brillants à 4 mains. Chaque. .   4   50
   —   Op. 7. Valse brillante à 4 mains.   7   50

DOUZIÈME DEGRÉ.

Quatrième Série. — Difficile.

F. HALÉVY. Ouvert. de *Charles VI*, arr. à 4 m.   7 50
— Ouvert. des *Mousquetaires de la Reine*, avec
    accompagnement de violon ou flûte *ad lib.*   7 50
— Ouvert. de la *Juive*, arr. par Ch. Schunke. .   7 50
— Ouv. du *Val d'Andorre*, arr. à 4 m. p. Wolff.   9 »

F. HÉROLD. Op. 5. 2 Sonates. La 2e en *ut* min.   6 »
        —   Op. 18. *Les Papillons*, rondo. . .   5 »
        —   Op. 19. *Au clair de la Lune*, varié
           (3e édition).. . . . .   7 50

H. HERZ. Op. 15. Premier Divertissement. . .   7 50
    —   Le même, arr. à 4 mains. .   7 50
— Op. 45. Trois nocturnes caractéristiques.
         N° 1. *La Dolcezza* 4 50
         N° 2. *La Melanconia* . . . . . .   3 ».
         N° 3. *La Simplicità* 4 50
    Les trois réunis dans un seul volume. .   9 »
— Op. 98. Gr. Fant. sur la *Double Échelle*..   7 50
         La même, arrangée à 4 mains..   9 »

A. JAELL. Op. 59. Bluette.. . . . .   4 »

W. KRUGER. Op. 27. Trois Rêveries caractérist.
         N° 1. *Rêverie d'amour*. . . . . .   4 »
         N° 2. *Rêverie au bois* . . . . . .   4 »
         N° 3. *Rêverie du cœur*. . . . . .   4 »

F. KALKBRENNER. Op. 1er. Trois Sonates dé-
         diées à L. Adam . . . .   10 »
— Op. 3. Sonate à 4 mains.. . . . .   7 50
— Op. 4. 3 gr. Sonates dédiées à Mme Perrier.   15 »
— Op. 17. Variat. sur le *God save the King*.   5 »

LEFÉBURE-WELY. Grand galop, caprice à 4 m.   8 »
    —   Op. 23. VINGT-CINQ ÉTUDES dédiées à
         M. Auber, en deux livres. Chaque. .   12 »
         Les deux livres réunis. . . . . .   20 »

J. LEYBACH. Op. 5. Fant. s. un th. allemand.   7 50
— Op. 7. *Souvenir de Wiesbaden*, fantaisie en
    forme de valse. 7 50
— Op. 13. Deuxième Rêverie. . . . .   6 »
— Op. 17. *Pensée de jeune fille*, mazurka brill.   6 »

CH. B. LYSBERG. Op. 17. *Rose des Alpes*, grande
    valse brillante.. . . . . . .   6 »

H. RAVINA. Op. 19. Rêverie.   6   »

—   Op. 27. Romance sans paroles. .   5   »

—   Op. 35. *Simple Histoire*, morceau de salon.   6   »

H. ROSELLEN. Op. 31. Trois Rêveries (2e livre) (4e édition). 7 50

—   Op. 111bis. Fantaisie à 4 mains sur le *Val d'Andorre*. . . .   9   »

J. ROSENHAIN. Op. 14. Quatre romances sans paroles.   6   »

J. SCHULHOFF. Op. 18. Deux Styriennes originales et une Mazurka. N° 1. *Styrienne* en *la*. N° 2. *Styrienne*, en *ré* ♭. N° 3. *Mazurka*. Chaque. . . .   3 75

Les trois réunies dans un seul volume.   7 50

— Op. 32. *Chant du Pêcheur*, arrangé à 4 mains par Brice. 7 50

— Op. 33. Impromptu-polka.   6   »

AD. TALEXY. . Op. 78. Fantaisie brillante sur l'op. du *Billet de Marguerite*.   7 50

TH. THURNER. *Sarah la baigneuse*, berceuse. .   6   »

R. DE VILBAC. Op. 4. Deux Rondos brillants.

N° 1. *Rondo élégant*.   6   »

N° 2. *Rondo à la valse*.   6   »

— Op.   9. Nocturne.   5   »

— Op. 10. Grande valse brillante.   6   »

— Op. 11. Première Cavatine.   6   »

— Op. 16. *Isola bella*, caprice.   6   »

— Op. 18. Deuxième Cavatine.   6   »

— Op. 23. Trois morceaux caractéristiques. N° 2. Polka-mazurka brillante. .   6   »

— Op. 24. 2e duo dramatique à 4 mains sur l'*Elisire d'Amore*.   9   »

— Op. 27. 4e duo dramatique à 4 mains sur l'opéra du *Billet de Marguerite*.   9   »

— *Beautés de la Norma*, arrangées à 4 mains en trois suites. Chaque.   9   »

Les 3 suites réunies dans un seul vol. .   20   »

R. DE VILBAC. *Beautés de la Juive*, arrangées
à 4 mains en trois suites. Chaque.   9   »
Les 3 suites réunies dans un seul vol.   20   »
— *Beautés de Charles VI*, arrangées à 4 mains
en trois suites. Chaque.   9   »
Les 3 suites réunies dans un seul vol.   20   »

CH. VOSS. Op. 72. *Une Fleur de Pologne*, morceau alla-mazurka   5   »
—   Op. 116. Fantaisie brill. sur la *Juive*.   9   »

CH. WEHLE. Op. 44. Deuxième berceuse . . .   5   »

CH. WELS. Op. 25. Nocturne..   5   »

ED. WOLFF. Op. 88. Gr. valse sur *Charles VI*.   6   »

———

MUSIQUE POUR PIANO ET VIOLON

OU AUTRES INSTRUMENTS.

H. BERTINI. Op. 25. 1re Sérénade en *mi*, pour
piano, violon, alto et basse.. .   9   »
—   Op. 31. 2e Sérénade en *fa*, pour
piano, violon, alto et basse.. .   10   »

BEETHOVEN. Deux thèmes des *Mystères d'Isis*,
de Mozart, varié pour piano et violoncelle
ou violon. No 2. *La Vie est un voyage* . . .   6   »

F. DOLMETSCH et **GAIGNARD**. Duo concertant
pour piano et hautbois sur les *Mousquetaires de la Reine*..   9   »

HUMMEL. Op. 19. Sonate en *mi* b, avec accompagnement d'alto ou violon obligés.   7   50

F. KALKBRENNER. Op. 164, et **PANOFKA**. Duo
pour piano et violon sur la *Juive*.. .   10   »
— et **WALKIERS**. Le même p. piano et flûte.   10   »
— et **LEE**. Le même p. piano et violoncelle.   10   »

N. LOUIS. Op. 44. Gr. caprice concertant pour
piano et violon sur les *Huguenots*.   9   »

N. LOUIS. Op. 118. Duo pour piano et violon sur la *Reine de Chypre*. . . . . 9 »

— Op. 165. 19ᵉ Sérénade pour piano et violon sur les *Mousquetaires de la Reine*. 9 »

— Op. 178. 23ᵉ Sérénade pour piano et violon sur le *Val d'Andorre*. . . . . . 9 »

— Op. 265. Fantaisie brill. pour piano et violon sur la *Fanchonnette*. . . . . . 9 »

LEIDESDORF. Deuxième Trio pour piano, violon et violoncelle. . . . . 12 »

MENDELSSOHN-BARTHOLDY. Trois Romances sans paroles, transcrites pour piano et violoncelle par Lutgen. 7 50

H. PANOFKA. Op. 10. *Les Inséparables*, grand duo p. piano et violon sur l'*Éclair*. 9 »

— et **LEE.** Le même, pour piano et violoncelle. . . . . 9 »

J. SAMARY. Op. 5. *France et Espagne*, sérénade en trio pour piano, violon, et violoncelle principal. . . . . 15 »

(La partie du violon est arrangée pour flûte ou hautbois ou clarinette.)

CH. SCHWENCKE. Op. 42. Duo pour piano et violoncelle ou violon sur la *Juive*. 9 »

A. VOGEL et **BECQUIÉ.** Variations concertantes pour piano et cornet à pistons. 7 50

CH. WEHLE. Op. 46, et **LALO.** Op. 18. *Soirées parisiennes*, trois morceaux caractéristiques pour piano et violon. Nᵒ 2. *Menuet*. . . . 5 »

MUSIQUE DE DANSE.

E. BOULANGER. *Isabelle et Marie*, deux valses. 6 »

— *Marguerite*, grande valse. . . 5 »

E. BRICE. *Les Jeunes Parisisiennes*, suite de valses. . . . . 6 »

TREIZIÈME DEGRÉ.

Quatrième Série. — Difficile.

L. V. BEETHOVEN. Ouverture de *Fidelio*, arrangé à 4 mains par Hummel. 6 »

— 8e Symphonie en *fa* majeur, arr. à 4 m... 12 »

— Op. 2. 3 Sonates dédiées à Haydn. N° 1. En *fa*. N° 2 En *la*. N° 3. En *ut*. Chaque. 6 »

— Op. 10. Trois Sonates dédiées à la comtesse de Browne.......... 12 »

H. BERTINI. Op. 68. Variations brillantes sur un thème original en *mi* ♮ (2e éd.). 6 »

— Op. 73. Variations brillantes à 4 mains sur un thème original en *la*..... 7 50

— Op. 168. Fantaisie à 4 m. sur les *Puritains*. 7 50

— Op. 169. Duo à 4 mains sur la *Norma*.... 7 50

— Op. 170. Fantaisie à 4 m. sur la *Sonnambula*. 7 50

E. BRICE. Op. 11. Deux Solos.
    N° 1. Allegro moderato en *fa*. 5 »
    N° 2. Divertissement en *sol*. 5 »

— Op. 16. Nocturne.............. 6 »

A. BESSEMS. Nocturne-Mélodie, transcrit pour piano par Brice.......... 5 »

M. CLEMENTI. Op. 42. Trois Sonates dédiées à Mlle Fanny Blake....... 12 »

J. B. CRAMER. Op. 42. Grande Sonate en *si* ♭ dédiée à Onslow...... 6 »

CH. CZERNY. Op. 716. Grand Duo à 4 mains sur la *Reine de Chypre*.... 9 »

M. DECOURCELLE. Op. 18. *La Capricieuse*, étude.......... 5 »

J. DÉJAZET. Op. 26. Six romances sans paroles en deux livres. (2e édition.)
    1er livre N° 1. *Mélancolie*.
    N° 2. *Espoir*. N° 3. *Inquiétude*. 9 »
    2e livre. N° 4. *Minuit*.
    N° 5. *Regrets*. N° 6. *Désespoir*. 9 »
(Chacune de ces romances se vend séparément 4 fr.)

J. L. DUSSEK. Op. 35. Trois Sonates. La 3e en *ut* mineur............ 7 50

— Op. 69. Trois Sonates. La 3e en *ré* majeur.. 7 50

J. PHILIPOT. Op. 24. 5ᵉ étude de salon. *Tristesse d'Olimpio* .... 5 »

— Op. 32. 9ᵉ étude de salon. *Les Gondoliers*, nocturne .... 6 »

— Op. 43. *La Nuit d'automne.* rêverie .... 6 »

— Op. 52. *La 12ᵉ Heure de la nuit*, marche turque .... 6 »

— Op. 62. *Graziella*, grande valse de concert. 7 50

J. PIXIS. *La Palermitaine*, grande valse ..... 5 »

— Op. 145. *Scène populaire de Rome*, fant. 7 50

— Op. 146. Mazurka .... 4 »

H. RAVINA. Op. 4. Rondo élégant 7 50

— Op. 5. Fant. de salon sur 2 airs napolitains. 7 50

— Op. 6. Trois Caprices, Andante, Allegro et Prestissimo .... 9 »

— Op. 12. Mazurka, morceau de salon 7 50

— Op. 13. Nocturne .... 5 »

— Op. 15. Solo .... 6 »

H. ROSELLEN. Op. 56ᵇⁱˢ. Fantaisie à 4 mains sur *Charles VI* .... 9 »

— Op. 71ᵇⁱˢ. Fant. brill. à 4 mains sur *la Juive*. 9 »

— Op. 86ᵇⁱˢ. Fantaisie à 4 mains sur *les Mousquetaires de la Reine* .... 9 »

— Op. 96ᵇⁱˢ. Fant. brillante à 4 m. sur *l'Éclair*. 9 »

— Op. 111. Fantaisie sur *le Val d'Andorre* ... 9 »

A. SCHIMON. Op. 13. Air de danse espagnole. . 5 »

J. SCHULHOFF. Op. 5. Quatre Mazurkas en deux livres. 1ᵉʳ livre .... 5 »

— Op. 6ᵇⁱˢ. Gr. Valse en *la* ♭, arr. à 4 mains.. 9 »

— Op. 16. Deux Pensées fugitives ...... 5 »

— Op. 17. Gr. galop arr. à 4 m. par Lemoine. 7 50

— Op. 25. Chanson des paysans de Bohême.. 5 »

— Op. 29. Sérénade espagnole .... 6 »

— Op. 32. *Chant du Pêcheur* .... 6 »

P. SCHUBERT. Op. 38. Grandes variations brillantes sur *la Reine de Chypre*. 7 50

CH. SCHUNKE. Op. 53. Trois Divertissements.

Nᵒ 1. *Rondo militaire*. . 6 »

Nᵒ 2. *Ballet chinois*. ... 6 »

Nᵒ 3. *La Chasse*. ..... 6 »

STEIBELT. *L'Orage*, rondo pastoral. . . . . . . 5 »

G. TAUBERT. Quatre Études extraites de son
op. 40. N° 2. *Pastorale*.. . . 3 »

R. DE VILBAC. Op. 7. Rondo espagnol. . . . 7 50
— Op. 8. *Capri*, deux Nocturnes caractéristiq.
N° 1. *Alla Tarentella*. N° 2. *Prome-
nade en mer*. Chaque. . . . . . 5 »
— Op. 15. *Fête villageoise du Roussillon*, mor-
ceau caractéristique. . . . . 6 »
— Op. 20. *Venise*, barcarolle. . . . . 6 »

CH. VOSS. Op. 71. *Impression d'un bal*, morceau de concert. 7 50

CH. DE WEBER. Ouv. d'*Euriante*, arr. à 4 mains. 6 »
—   — du *Freyschutz*,   — 6 »
—   — de *Preciosa*,   — 6 »
—   — de *Silvana*,   — 6 »
—   — de *Petersmoll*,   — 6 »
—   — du *Jubilé*,   — 6 »
—   — de *Abu-Hassan*   — 6 »
— Op. 7. Variat. sur *Vien guardama Bella*... 5 »
— Op. 65. *L'Invitation à la valse*. . . . . . . 5 »
— Op. 72. Grande polonaise à 4 mains.. . . . . 6 »

CH. WEHLE. Op. 39. 3ᵉ Nocturne.. . . . . . . 5 »
—   Op. 41. *Allemande*, morceau de salon. 6 »
—   Op. 45. *Jadis*, menuet. . . . . . . 5 »

CH. WELS. Op. 24. *La Harpe magique*, morceau de salon.. . . . . 7 50

ED. WOLFF. Op. 46. 13ᵉ grand Duo à 4 mains
sur *Charles VI*.. . . . . 10 »
— Op. 80. Grand Duo à 4 mains sur *la Juive*.. 9 »
— Op. 129.   —   — sur les *Mous-
quetaires de la Reine*. . . . . . 9 »
— Op. 156. Duo à 4 m. sur le *Val d'Andorre*. 9 »

MUSIQUE POUR PIANO ET VIOLON

OU AUTRES INSTRUMENTS.

L. V. BEETHOVEN. Variations sur un thème de
Handel pour piano et violon ou violoncelle. 6 »
— Op. 12. Trois Sonates pour piano et violon,
dédiées à Salieri. La 1re en *ré*, la
2e en *la*. Chaque.. . . . . 6 »
— Op. 23. Deux Sonates p. piano et violon, dédiées à M. de Fries. La 1re en *la* min. 6 »

H. BERTINI. Op. 33. Nocturne concertant en
trio pour piano, violon et violoncelle. 9 »
— Op. 39. 3e Sérénade pour piano, violon, alto
et violoncelle.. . . . . 10 »
— Op. 41. Polonaise brillante sur le *Freyschutz*,
pour piano et violoncelle.. . . . 7 50
— Op. 152. 1re Sonate pour piano et violon, dédiée à M. Cuvillon.. . . . . . . 10 »

J. DÉJAZET et **BESSEMS. Op. 19 et 16**. Duo
concertant sur la *Norma*, pour
piano et violon. . . . . 9 »
— Op. 24 et 18. Duo concertant sur *Oberon*,
pour piano et violon.. . . . . 9 »
— Op. 31 et 21. Duo concertant sur *Euriante*,
pour piano et violon.. . . . . 7 50
— et **CONINX. Op. 28 et 22**. Fantaisie concertante sur la *Straniera*, p. piano et flûte. 7 50

A. DELOFFRE. Op. 4. Duo brillant pour piano
et violon sur la *Fanchonnette*. 9 »

J. L. DUSSEK. Op. 69. Trois Sonates.
N°s 1 et 2, avec acc. de violon obligé. Ch. 7 50

F. KALKBRENNER. Op. 11. Duo pour piano et
violoncelle, ou alto, ou violon. 7 50
— Op. 27. Grande Sonate en *mi* ♭ avec accompagnement de violon obligé.. . . 7 50
— Op. 49. Duo pour piano et violon.. . . . . 9 »

N. LOUIS. Op. 41. Grand Duo concertant pour piano et violon sur des motifs de *l'Éclair*. 9 »

— Op. 73. Fantaisie dramatique pour piano et violon sur des motifs de Schubert. 9 »

— Op. 137. Fantaisie héroïque pour piano et violon sur *Charles VI*.. . . . . . 10 »

MAYSEDER. Op. 37. Variations concert. pour piano et violon sur la cavatine de la *Sémiramide* 7 50

G. OSBORNE. Op. 83. Sextuor pour piano, flûte, hautbois, cor, violoncelle et contre-basse. 20 »

(Les parties de flûte, hautbois et cor sont remplacées par un violon et un alto pour exécuter le morceau en quintette.)

CH. M. DE WEBER. Op. 47. Grand Duo concertant pour piano et clarinette ou violon. 12 »

———

MUSIQUE DE DANSE.

CH. ANSIAUX. Op. 3. Grande Valse. . . . . . 5 »

CL. AULAGNIER. Grande Valse brillante. . . . 5 »

E. BRICE. Op. 13. Deux valses suisses.
N° 1. *Milady*. N° 2. *Elcy*. Chaque . . . 5 »

CH. HESS. Trois grandes Valses brillantes. . . 5 »

J. LEYBACH. Op. 14. Grande Valse brillante. . 6 »

J. PIXIS. *La Palermitaine*, grande valse.. . . 5 »

———

QUATORZIÈME DEGRÉ.

Quatrième série. — Difficile.

H. BERTINI. Op. 154. Fantaisie-valse 7 50
— Op. 158. *Les deux Sœurs*, deux romances
     sans paroles.
         N° 1. *Louise*. N° 2. *Isabelle*. Chaq. 6 »

L. BLAHETKA. Op. 59. Caprice élégant 7 50
    —   Op. 61. Fant. sur des romances
     de la Reine Hortense.. . . . . 7 50

F. CHOPIN. Op. 18. Grande Valse en *mi* ♭ . . . 6 »

CH. CZERNY. Op. 14. Variations sur un thème
     allemand en *si* ♭ . . . . 6 »

A. D'ARGENTON. Op. 15. Sonate. . . . . 9 »

J. DÉJAZET. Op. 1ᵉʳ. Variations sur *Mathilde*
     de Sabran. 7 50
    —   Op. 35. Air tyrolien varié. . . . 7 50

J. L. DUSSEK. Allegro du 12ᵉ concerto, arrangé
     par L. Adam. 7 50
    —   Op. 35. Trois Sonates; la 1ʳᵉ en *si* ♭. 7 50
    —   Op. 43. Grande Sonate en *la* 7 50

AD. GUTMANN. Op. 12. DIX ÉTUDES, 14ᵉ et 15ᵉ
     degrés. . . . . 20 »
    —   Op. 15. Valse brillante. . . . . . 6 »
    —   Op. 19. Ballade. 7 50
    —   Op. 36. Boléro brillant. 7 50
    —   Op. 46. *L'Inquiétude*, impromptu. 7 50

F. HALÉVY. Ouverture de *Charles VI*, arrangée
     par Schwencke. 7 50

AD. HENSELT. Trois études extraites de son
     Op. 2. N° 2. Duettino. 2 50
    —   Op. 14. Morceau de salon arrangé à
     4 mains par Czerny.. . . . . . . 10 »

F. HÉROLD. Op. 26. 2ᵉ Concerto en *mi* ♭, avec
     accompagnement d'orchestre (*ad lib.*). 12 »

CH. HESS. Op. 7. *La Patrie absente*, grande
     mazurka. . . . . 5 »
    —   Op. 12. *Le Tremolo*, caprice-étude.. 6 »

H. HERZ. Op. 10. Variations brillantes sur *Ma*
     Fanchette, arr. à 4 m. par L. Farrenc. 9 »

H. HERZ. Op. 12. Fant. et rondo sur *la Zelmira*.   7 50
— Op. 23. Variations brillantes sur le *Crociato*,
      arrangées à 4 mains par L. Farrenc.   9 »
— Op. 27. Rondo de concert, avec accompagne-
      ment de quatuor *ad lib.* . . . . .   9 »
— Op. 29. Variat. sur un air de ballet de Paer.   7 50

. **HUMMEL.** Op. 13. Sonate en *mi* ♭, dédiée à
      Haydn. 7 50
  — Op. 55. *La Bella capricciosa*, polonaise.   6 »

A. JAELL. Op. 44. Sérénade italienne. . . . .   6 »
     — Op. 61. *Le Ruisseau*, mélodie. . . .   6 »

F. KALKBRENNER. Op. 48. Grande Sonate en
      la min., dédiée à Chérubini.   9 »
  - Op. 95. Variations à 4 mains sur l'air favori
      du *Comte Ory*. . . . .   9 »
— Op. 101. Rondo brillant sur *Frère Jacques*,
      avec acc. d'orchestre ou quatuor *ad lib*.   9 »
— Op. 103. Fant. romantique sur *la Brigantine*.   7 50
— Op. 129. Rondo brillant sur *la Juive*. . . .   6 »
— Op. 165. Grande Fantaisie de bravoure sur
      le duo des cartes de *Charles VI*..   9 »
— Op. 182. Trois Études en forme de Toccata..   7 50

W. KRUGER. Op. 28. *Danse basque*, boléro. . .   6 »

F. KUFFERATH. Op. 4. Trois morceaux.
      N° 1. *Rêverie*. . . .   4 50

J. LEYBACH. Op. 8. Galop de concert . . . .   6 »
     — Op. 11. *Prière*, 1er caprice-étude..   6 »
     — Op. 18. *La Mosaïque*, caprice . .   8 »

LUIGINI. Op. 3. Deux Caprices-études. N° 1. *Les
      Trilles*. N° 2. *Les Octaves*. Chaque,
      séparément. 4 50

CH. B. LYSBERG. Op. 18. Six Caprices réunis..   10 »
      Les mêmes en 2 livres. 1er livre.   6 »
      2e   —   7 50
     — Op. 35. *Bohémienne*. . . . .   6 »
     — Op. 45. Fantaisie-galop. . .   7 50
     — **Op. 56.** *Océan*, méditation..   6 »

ED. WOLFF. Op. 67. 1ᵉʳ grand Duo à 4 mains sur la *Reine de Chypre*.   9   »
— Op. 73ᵇⁱˢ. 2ᵉ grand Duo à 4 mains sur la *Reine de Chypre*.   9   »
— Op. 146. Duo à 4 mains sur *l'Éclair*.   9   »

MUSIQUE POUR PIANO ET VIOLON

OU AUTRES INSTRUMENTS.

L. BEETHOVEN. Op. 5. Deux grandes Sonates pour piano et violoncelle ou violon. Nº 1. En *fa*. Nº 2. En *sol*. Chaque.   9   »
— Op. 12. Trois Sonates pour piano et violon, dédiées à Salieri. La 3ᵉ en *mi b*. . .   6   »
— Op. 23. Deux Sonates pour piano et violon, dédiées à M. de Fries. La 2ᵉ en *fa*.   6   »

H. BERTINI et **FONTAINE.** *L'Amitié*, 1ᵉʳ Duo concertant pour piano et violon. 10   »
— *Les Saisons*, 2ᵉ Duo concertant pour piano et violon ou violoncelle. .   9   »
— *Fantaisie*, 3ᵉ Duo concertant pour piano sur un air suisse.   9   »
— *L'Automne*, 5ᵉ Duo concertant pour piano.   9   »
— Op. 75. 4ᵉ Sérénade pour piano, violon, alto, violoncelle et contre-basse, dédiée à L. Jadin 12   »
— Op. 76. 5ᵉ Sérénade pour piano, violon, alto, violoncelle, dédiée à Mˡˡᵉ de Coriolis. 12   »
— Op. 153. 2ᵉ Sonate pour piano et violon, dédiée à M. Alard 10   »

BRISSON et **GUICHARD**. Grand Duo concertant pour piano et violon sur *les Mousquetaires de la Reine*. 10   »

F. HILLER. Op. 1ᵉʳ. Quatuor pour piano, violon, alto et violoncelle. 12   »

QUINZIÈME DEGRÉ.

Cinquième série. — Très-difficile.

H. BERTINI. Op. 94. VINGT-CINQ CAPRICES-ÉTU-
DES (7e cahier). 30   »
— Op. 105. Grand rondo de concert, avec ac-
compagnement d'orchestre *ad lib.*   7 50
— Op. 107. Grand nonetto en *ré*, arrangé à 4
mains par Brice. 20   »
— Op. 114. 4e Sextuor en *mi* mineur, dédié à
Mme Peruzzi, arrangé à 4 mains
par Schwencke. 20   »
— Op. 124. 5e Sextuor en *mi* ♭, dédié à de Bériot,
arr. à 4 mains par Schwencke. . 20   »
— Op. 155. Grand Divertissement à 4 mains. . 10   »
— Op. 161. Grande marche brillante. 7 50
— Op. 162. Cantilène.   5   »
— Op. 163. *Souvenirs de Sainte-Beaume*, fant..   7 50
— Op. 164. *Souvenirs de la Durance*, caprice. .   7 50
L. BLAHETKA. Op. 55. *La Hongrie*, thème na-
tional. 7 50
—   Op. 60. Polonaise brillante. . .   7 50
EM. BRICE. Op. 14. *Refrain montagnard*, mor-
ceau de salon. 7 50
J. B. CRAMER. 2e LIVRE D'ÉTUDES, 15e et 16e
degrés. 18   »
J. DÉJAZET. Op. 14. Variations brillantes sur
la marche d'*Otello*. 7 50
A. DREYSCHOCK. Op. 29. *L'Inquiétude*, mor-
ceau brillant. 7 50
—   Op. 31. Fantaisie en *fa* min: 7 50
J. L. DUSSEK. Op. 77. *L'Invocation*, grande
sonate en *fa* mineur. 7 50
A. GORIA. Op. 81. *Chanson allemande origi-
nale*, caprice caractéristique..   7 50
AD. GUTMANN. Op. 21. Polonaise. 7 50
— Op. 26. *Le Chant du Berger*, th. original.   7 50
— Op. 30. Tarentelle. 7 50
AD. HENSELT. 3 Études extraites de son op. 2.
N° 1. *Exauce mes vœux*. . .   3 75
H. HERZ. Op. 8. Variations avec introduction
et polonaise.   9   »

MUSIQUE POUR PIANO ET VIOLON

OU AUTRES INSTRUMENTS.

H. BERTINI. Op. 48. Grand trio en *mi* ♭ pour piano, violon et violoncelle, dédié à Onslow. . . . . 12 »

— Op. 79. 1ᵉʳ Sextuor en *ré*, arr. en trio pour piano, violon et violoncelle . . . 15 »

— Op. 85. 2ᵉ Sextuor en *mi* ♭, arr. en trio pour piano, violon et violoncelle . . . 15 »

— Op. 90. 3ᵉ Sextuor en *mi* ♮, arr. en trio pour piano, violon et violoncelle . . . 15 »

— Op. 114. 4ᵉ Sextuor en *mi* min., arr. en trio pour piano, violon et violoncelle. 15 »

— Op. 124. 5ᵉ Sextuor en *mi* ♭, arr. en trio pour piano, violon et violoncelle. . . 15 »

— et **FONTAINE**. Fantaisie sur *Robin des Bois*, 4ᵉ Duo concert. pour piano et violon. 9 »

EM. BRICE et BERTHEMET. Op. 15 et 6. Duo concert. p. piano et violon sur un th. original. 9 »

J. DÉJAZET. Œuvre posthume, grand trio pour piano, violon et violoncelle. . . 18 »

LA Vᵗᵉˢˢᵉ DE GRANDVAL. Op. 8. Grande Sonate pour piano et violon, en *sol* mineur, dédiée à Adam. . . . . 12 »

F. KALKBRENNER. Op. 97, et **LAFOND**. Grand Duo pour piano et violon ou violoncelle. 9 »

CL. DE REISET. Op. 7. 1ᵉʳ Trio pour piano, violon et violoncelle. . . . 15 »

ED. WOLFF et BATTA. Gr. Duo concertant pour piano et violoncelle sur *la Reine de Chypre*. 9 »

— et **WALCKIERS**. Le même p. piano et flûte. 9 »

SEIZIÈME DEGRÉ.

Cinquième Série. — Très-difficile.

MUSIQUE POUR PIANO ET VIOLON

OU AUTRES INSTRUMENTS,

H. BERTINI. Op. 70. Gr. Trio en *mi* min. pour piano, violon et violoncelle, dédié à Vidal. 12 »
— Op. 79. 1er Sextuor en *ré* pour piano, 2 violons, alto, violoncelle et contre-basse, dédié à Meyerbeer. . . . . 25 »
— Op. 85. 2e Sextuor en *mi* ♭ p. piano, 2 violons, alto, violoncelle et contre-basse, dédié à Cramer. . . . . . 25 »
— Op. 90. 3e Sextuor en *mi* ♮ p. piano, 2 violons, alto, violoncelle et contre-basse, dédié à M. de Louvois. . . 25 »
— Op. 114. 4e Sextuor en *mi* min. pour piano, violon, 2 altos, violonc. et contre-basse, dédié à Mme Peruzzi. . . . 25 »
— Op. 124. 5e Sextuor en *mi* ♭ pour piano, violon, 2 altos, violoncelle et contre-basse, dédié à de Bériot. . . . . 25 »
— Op. 172. 6e Sextuor en *la* min. pour piano, 2 violons, alto, violonc. et contre-basse, dédié à Berlioz. . . . . . 25 »
— Op. 107. Gr. Nonetto en *ré*, pour piano, flûte, hautbois, cor, trompette, basson, alto, violoncelle et contre-basse.. 25 »
Le même, arr. en quintette p. piano, flûte, violon, alto et violoncelle, par Schwencke. . . . . 20 »
— Op. 174. Symphonie de salon pour piano, flûte, hautbois, clarinette, 2 cors, basson, trompette, alto, violonc. et contre-basse. . . . . 30 »
F. KALKBRENNER. Op. 58. Sextuor pour piano, 2 violons, alto, violonc. et contre-basse. 12 »
AD. HENSELT. Op. 14. Duo concert. pour piano et violoncelle ou cor. . . . . 10 »

DIX-SEPTIÈME DEGRÉ.

Cinquième série. — Très-difficile.

CONSEILS

SUR LA

DIRECTION A DONNER A L'ÉTUDE DU PIANO

D'APRÈS MON MODE D'ENSEIGNEMENT.

INTRODUCTION.

Il est bien entendu que ces conseils ne s'adressent point aux professeurs ayant des principes arrêtés pour leur enseignement.

Ils 's'adressent : 1° aux jeunes exécutants débutant dans la carrière du professorat; 2° aux professeurs enseignant plusieurs instruments, entre autres le piano; 3° aux mères de famille qui, ayant cultivé elles-mêmes cet instrument, veulent l'enseigner à leurs enfants, ou tout au moins se mettre en état de les commencer avec de bons principes.

Assurément ces trois catégories de professeurs ont besoin d'un guide, et je m'offre d'être le leur, en les priant toutefois de ne chercher ici qu'un simple résultat de mes observations sur l'enseignement et de ma longue expérience dans cette partie de l'art.

Je prends pour point de départ l'élève-enfant de cinq à sept ans, âge auquel on commence à leur apprendre la musique maintenant.

A cet âge on a peu de goût pour le travail, il faut donc employer les moyens les plus simples et les moins arides pour les instruire ; telle a toujours été ma pensée, et l'on peut s'en convaincre en examinant avec soin ma *Méthode,* ainsi que les *Morceaux élémentaires* et les *Petites Études* que j'ai composés pour cette catégorie d'élèves.

Je recommanderai deux choses des plus essentielles en commençant un jeune enfant : la première, de ne pas vouloir le faire aller trop vite, c'est-à-dire de ne pas passer trop promptement sur les premiers exercices et les leçons élémentaires, ce qui nuit énormément à leurs progrès futurs (1) ;

(1) Je dois faire observer ici que fort souvent les mauvais résultats de l'enseignement élémentaire sont dus en partie aux parents des élèves. Combien y en a-t-il qui viennent dire au maître, à peine si leur enfant a posé les mains sur le clavier et s'il connaît ses notes : « Je voudrais bien entendre jouer un petit air à ma fille !.. » Ou bien, lorsque l'élève joue à peu près passablement des morceaux du 7e degré : « Je désirerais bien que ma fille jouât les *Études de Cramer* ou les *Études caractéristiques de Bertini ;* on m'a dit que cela lui ferait faire beaucoup de progrès !

» Méfiez-vous, jeunes professeurs, de ces exigences mal raisonnées ; faites observer que cette direction serait nuisible aux progrès, au lieu de les accélérer. Si, après cela, on insiste, alors vous n'êtes plus responsable, ou, si tel est votre bon plaisir, faites ainsi que je l'ai fait souvent, abandonnez l'élève. Ne croyez pas cependant que tous les parents soient ainsi faits : il en existe certainement de très-judicieux et qui savent apprécier ce juste raisonnement : *Chaque chose doit venir en son temps,* et vous laissent l'entière direction de votre élève ; c'est donc pour cela que je ne saurais trop vous recommander mes préceptes : *Soins, patience, douceur sans faiblesse, de l'ordre et de la progression dans votre enseignement.* Avec ces doctrines, il est presque impossible de ne pas former de bons élèves, à moins toutefois que ce ne soient des sujets dénués de toute disposition.

La seconde, de surveiller sans cesse la position de ses mains et de chercher par tous les moyens possibles à lui faire articuler chaque note avec le doigt (1) et non par le mouvement de la main et du bras ; cela est très-difficile à obtenir chez certains élèves ; mais avec de la persévérance on obtient d'heureux résultats.

ENSEIGNEMENT.

Il faut faire suivre la première partie de ma Méthode en observant scrupuleusement toutes mes indications.

L'élève, ayant travaillé les trente-huit premières leçons élémentaires et les ayant bien jouées en mesure (2), peut commencer le premier livre de mes **Petites Études,** op. 37 (3).

Pendant le temps qu'il travaille ce premier livre d'études, on peut lui faire jouer des **Morceaux d'agrément** du 1ᵉʳ DEGRÉ (4) ; ensuite, en terminant les

(1) Le travail assidu de la page 19 et suivantes de ma Méthode tend essentiellement vers ce but : *l'articulation des doigts.*

(2) Grande difficulté pour un jeune élève ; c'est pour cela que je tiens on ne peut davantage à ce qu'il travaille tous les exercices ainsi que je les ai écrits, c'est-à-dire toujours mesurés.

(3) La marche que je vais tracer ne pourra être suivie strictement, surtout pour les *exercices et les études,* que par les élèves qui veulent faire une étude approfondie du piano. Ce sera à la sagacité du professeur de la modifier selon les moyens de l'élève et le temps qu'il peut consacrer à son étude.

(4) Le choix des morceaux élémentaires doit toujours être fait avec discernement, tant pour le doigté que pour le phrasé et le rhythme ; ce choix exerce une grande influence sur les progrès des élèves.

leçons élémentaires, les exercices de la première partie de la Méthode et mes études, 1er livre, il doit jouer des **Morceaux** du 2e DEGRÉ (1).

Il est de toute nécessité d'habituer les élèves à bien lire la musique aussitôt que possible ; il faut donc, dès à présent, en commencer le travail et prendre la **Bibliothèque des jeunes Pianistes** (2) (1er volume), et alterner avec l'**École de la Mesure et de la Ponctuation musicale**, 48 pièces à 4 mains par **H. LEMOINE** et **F. SOR** (1er livre) (3).

Ici peut commencer le travail de la seconde partie de ma Méthode ; il est tout spécial pour le mécanisme des doigts, il faut le pratiquer longtemps et prendre ensuite la première partie du **Rudiment du Pianiste**, de **H. BERTINI**, op. 84, dont le travail devra se continuer jusqu'aux morceaux des 8e et 9a degrés.

Après avoir bien appris toutes les études du premier livre de mon op. 37, et joué plusieurs morceaux des 1er et 2e degrés, on devra continuer le travail progressif des Morceaux et des Études ainsi qu'il suit :

(1) A mon avis, il ne faut pas se borner à ne faire jouer que deux ou trois morceaux de chaque degré ; cependant je ne puis en limiter le nombre, mais on comprendra qu'il doit aller en augmentant avec les degrés.

(2) *La Bibliothèque des Jeunes Pianistes* est un choix de morceaux par divers auteurs et de différents genres, tels que : *préludes, sonates rondos, airs variés*, etc., à 2 et à 4 mains, que j'ai classés progressivement et doigtés pour servir d'étude de lecture.

(3) Cet ouvrage est spécial pour le rhythme et la mesure ; il intéresse et amuse en même temps les enfants. Le double but que j'y trouve pour le progrès musical est de leur faire étudier les deux parties.

ÉTUDES FACILES ET PROGRESSIVES.

Par Henry LEMOINE.

Op. 37.   2e Livre.

MORCEAUX D'AGRÉMENT

DU 3e DEGRÉ.

Faire suivre le 2e livre des Études, en même temps que l'élève travaille plusieurs morceaux de ce degré.

ÉCOLE DE LA MESURE ET DE LA PONC-TUATION MUSICALE.

48 PIÈCES A 4 MAINS,

Par Henry LEMOINE et Ferdinand SOR.

Le 2e Livre.

En faire continuer le travail pendant les morceaux des 3e et 4e degrés.

VINGT-CINQ ÉTUDES POUR LES PETITES MAINS,

Par Henri BERTINI.

Op. 100.   1er Cahier (1).

(1) C'est avec ce cahier d'Études que doit commencer le travail des *gammes*, mais seulement celles à *l'octave*, pages 78 et 79 de ma Méthode, et encore est-il urgent, pour les élèves qui éprouvent de la

Pendant tout le temps que dure le travail de ce cahier d'Études, il faut jouer

---

MORCEAUX D'AGRÉMENT

DU 4ᵉ DEGRÉ.

BIBLIOTHÈQUE DES JEUNES PIANISTES.

2ᵉ VOLUME (*comme lecture*).

MORCEAUX D'AGRÉMENT

DU 5ᵉ DEGRÉ.

BIBLIOTHÈQUE DES JEUNES PIANISTES.

3ᵉ VOLUME (*comme lecture*).

VINGT-CINQ ÉTUDES

Par Henri BERTINI.

Op. 29.   2ᵉ Cahier.

---

difficulté à cause du doigté et des accidents, de ne leur faire travailler que celle des *tons majeurs*, page 78, et ensuite page 80 et 81.

Lorsqu'ils les exécutent bien en mesure et avec le *doigté correct*, on leur fait travailler celles des *tons mineurs*, page 79, et ensuite pages 82, 83, 84 et 85.

Ce travail des gammes *majeures* et *mineures à l'octave* peut durer autant de temps que celui des Études de Bertini, op. 100

MORCEAUX D'AGRÉMENT.

DU 6ᵉ DEGRÉ.

——

BIBLIOTHÈQUE DES JEUNES PIANISTES.

4ᵉ VOLUME (*comme lecture*).

——

MORCEAUX D'AGRÉMENT

DU 7ᵉ DEGRÉ.

Travailler plusieurs morceaux de ce degré, au moins sept ou huit.

——

VINGT-CINQ ÉTUDES
Par **H. BERTINI**.

Op. 32.   3ᵉ Cahier.

Avec ce livre d'Études et les Morceaux des 8ᵉ et 9ᵉ degrés, les **Études musicales à 4 mains** de **H. BERTINI**, op. 97, sont un très-bon travail pour *la mesure, le rhythme, le style et le phrasé musical*. Je dois aussi signaler en même temps l'ouvrage de **J. MOSCHELES** sur l'étude des **Gammes harmonisées.** C'est un choix de *morceaux caractéristiques à 4 mains,* dans lesquels la *gamme* se reproduit dans l'une et l'autre partie avec un *rhythme* toujours varié; ce qui fait de cet ouvrage une excellente étude de la *mesure,* du *rhythme* et des *gammes* de tous les *tons,* majeurs, mineurs et chromatiques, étude encore plus utile sous le rapport musical que sous celui du mécanisme.

——

7.

MORCEAUX D'AGRÉMENT

DU 8ᵉ DEGRÉ.

Travailler plusieurs Morceaux de ce degré, au moins neuf ou dix.

QUARANTE-HUIT ÉTUDES SPÉCIALES

Par **RENAUD DE VILBAC.**

Op. 17.　　1ʳᵉ Suite.

Cette 1ʳᵉ suite est spéciale pour l'étude sur la vélocité, **et** favorable pour le développement du mécanisme.

BIBLIOTHÈQUE DES JEUNES PIANISTES.

5ᵉ VOLUME (*comme lecture*).

MORCEAUX D'AGRÉMENT

DU 9ᵉ DEGRÉ.

Travailler au moins douze à quinze Morceaux de ce degré.

Avec le travail des morceaux des 9ᵉ et 10ᵉ degrés, il faut étudier la seconde partie du **Rudiment** de **H. BERTINI,** op. 84, *recueil d'exercices de tous genres*, et ensuite l'**Exercice journalier** de **CZERNY**, op. 337. Ces deux ouvrages sont de la plus grande utilité pour le mécanisme (1). Il faut les continuer pendant le travail des morceaux des 10ᵉ et 11ᵉ degrés, et en pratiquer tous les jours plusieurs numéros, en même temps qu'un certain nombre des gammes de ma Méthode.

VINGT-QUATRE ÉTUDES
Par **LEFÉBURE-WELY**.
Op. 23.   1ᵉʳ Livre.

Ces Études sont généralement mélodiques et d'un bon mécanisme; elles peuvent être travaillées après l'op. 32 de Bertini ou concurremment avec cette œuvre.

MORCEAUX D'AGRÉMENT
DU 10ᵉ DEGRÉ.

Arrivé à ce degré, il faut en jouer un bon nombre de morceaux, et surtout ne pas se borner à quelques auteurs; il faut choisir généralement ceux d'un bon mécanisme et bien phrasés.

VINGT-CINQ ÉTUDES
Par **H. BERTINI**.
Op. 134.   4ᵉ Cahier.

---

(1) Il est évidemment reconnu par tous les bons professeurs que le travail consciencieux des *Exercices* et des *Études* amène beaucoup plus promptement l'élève à une bonne exécution, et lui facilite considérablement l'étude des morceaux.

QUARANTE-HUIT ÉTUDES SPÉCIALES

Par R. DE VILBAC.

Op. 17.   2e Suite.

Dans cette 2ᵉ suite, plusieurs Études sont consacrées au travail de différentes gammes s'enchaînant par des modulations.

VINGT-QUATRE ÉTUDES

Par LEFÉBURE-WELY.

Op. 23.   2ᶜ Livre.

Ce livre d'Études peut être aussi travaillé en même temps que l'op. 134 de Bertini ou après (1).

MORCEAUX D'AGREMENT

DU 11ᵉ DEGRÉ.

VINGT-CINQ ÉTUDES

Par H. BERTINI.

Dédiées à Cramer.   5ᶜ Cahier.

---

(1) Pendant le travail de ces trois livres d'Études, il faut jouer bon nombre de morceaux des 10ᵉ et 11ᵉ degrés, et surtout lire le plus de musique possible, en choisissant de préférence des ouvrages classiques des grands maîtres.

VINGT-CINQ GRANDES ÉTUDES MUSICALES

A 4 MAINS.

Par H. BERTINI.

Op. 135.   9ᵉ Cahier.

Ouvrage spécial pour la mesure, le rhythme et le phrasé musical.

MORCEAUX D'AGRÉMENT

DES 11ᵉ ET 12ᵉ DEGRÉS.

En même temps que l'on étudie plusieurs morceaux de ces deux degrés, il faut commencer le travail des Études suivantes :

ÉTUDES CARACTÉRISTIQUES

Par H. RAVINA, op. 3.

ÉTUDES PAR J. B. CRAMER.

1ᵉʳ Livre.

QUARANTE-HUIT ÉTUDES SPÉCIALES

Par R. DE VILBAC.

Op. 17.   3e et 4ᵉ Suites.

ÉTUDES CARACTÉRISTIQUES

Par H. BERTINI.

Op. 66.   6ᵉ Cahier.

Pendant le travail d'un bon nombre de ces diverses Études, il faut jouer beaucoup de morceaux des 12ᵉ, 13ᵉ et 14ᵉ degrés.

Arrivé à ce degré de force, le professeur pourra choisir dans les nombreux livres d'Études que nous possédons maintenant, et dont j'indique plus loin une grande partie, celles de ces études que tel ou tel élève devra travailler de préférence, selon le genre de **difficultés** qu'il aura besoin de vaincre.

D'ailleurs, l'élève, **parvenu par un travail** progressif à une bonne exécution de tout ce qui a précédé, peut, sans crainte, s'exercer sur des *Études* ou **des** *Morceaux* plus ou moins difficiles des 14ᵉ, 15ᵉ ou même 16ᵉ degrés.

Son mécanisme doit être en partie formé alors ; toute son attention, tous ses soins doivent se porter vers un but unique, celui de perfectionner le style et le phrasé, de donner à son jeu une expression convenable au genre du morceau qu'il exécute, d'observer que cette expression ne soit ni maniérée, ni affectée (le naturel plaît toujours) ; enfin, chercher à obtenir une bonne qualité de son dans les *fortés* comme dans les *pianos* ; ne jamais tourmenter la mesure, sans cependant jouer comme si le métronome la lui battait toujours ; seulement suivre l'impulsion du sentiment de la phrase, soit par un simple *ritenuto* (1), soit par

---

(1) Beaucoup d'élèves confondent pendant longtemps la véritable acception du mot *ritenuto* avec ceux *rallentando* et *ritardando*. Le premier indique seulement un peu de retenue dans les valeurs d'une mesure, ou simplement sur une ou deux notes tandis que les deux autres, si

un *poco agitato*... (1), par un de ces riens qu'il faut sentir, et qui constituent ce que l'on appelle le goût..., que l'on ne peut enseigner, mais qu'un professeur qui en est doué peut développer peu à peu chez son élève.

Quant aux élèves qui ont en eux le feu sacré, ils parviendront quand même ; ce n'est point de ceux-ci que le professeur a besoin de se trop préoccuper, mais bien de ceux chez lesquels la nature a été avare de ces dons, et qui cependant ont une aptitude soutenue pour l'étude.

C'est sans contredit cette classe d'élèves, la plus nombreuse, qui doit intéresser le professeur consciencieux.

C'est pour eux qu'il est si essentiel de suivre la marche que j'ai tracée.

Plus je vais en avant dans le professorat, et plus je suis convaincu de ce que j'avance.

Après avoir tracé, pour l'enseignement élémentaire et secondaire du piano, une marche que je crois bonne à faire suivre, il me reste à indiquer, pour l'enseignement supérieur, un certain nombre de livres d'Études avec les degrés de force auxquels ces Études peuvent être travaillées avec fruit.

---

sont synonymes, opèrent sur deux ou plusieurs mesures un *ralentissement progressif* dans le mouvement, ce qui est bien différent pour le sentiment de la phrase musicale.

(1) Il en est à peu près de même, dans le sens inverse, du mot *agitato* avec celui *accelerando ;* le premier indique un peu d'agitation dans les valeurs d'une ou deux mesures, ou même d'une phrase ; mais le second doit opérer progressivement une accélération de vitesse qui ne doit cesser qu'avec l'indication de reprendre le premier mouvement (*a tempo*).

J. S. BACH.

PRÉLUDES ET FUGUES, en deux livres.

15e, 16e et 17e degrés.

Travail très-sérieux ! Tous les élèves ne sont pas aptes à l'entreprendre ; il faut d'ailleurs qu'ils soient déjà grands musiciens.

H. BERTINI.

Op. 94. CAPRICES-ÉTUDES, 7e cahier.

15e et 16e degrés.

La plus grande partie des Études de ce cahier est un travail pour le haut style et l'expression musicale.

H. BERTINI.

Op. 135. ÉTUDES MUSICALES à quatre mains, 9e cahier.

Excellent travail pour *la mesure*, *le rhythme et le phrasé*. L'élève doit en travailler les deux parties, ce qui contribuera à le rendre bon musicien.

F. CHOPIN.

Op. 10. DOUZE GRANDES ÉTUDES, 1er livre.
Op. 25. — — — 2e livre.

16e et 17e degrés.

De très-grands écarts de doigts, quantité de dissonances extrêmement difficiles à bien rendre, et d'autres fort grandes difficultés, font que les élèves ne doivent entreprendre le travail de ces études qu'après en avoir travaillé beaucoup d'autres.

J. B. CRAMER.

42 ÉTUDES, 2e livre.

15e et 16e degrés.

Travail essentiellement classique, d'un très-bon mécanisme et d'un style assez généralement sévère.

AD. GUTMANN.

Op. 12. DIX GRANDES ÉTUDES.

14e et 15e degrés.

Ces Études, souvent mélodiques et toujours traitées avec une remarquable netteté, sont d'un excellent travail; plusieurs, les 1re, 7e, 9e et 10e, ont particulièrement pour but de faciliter l'exécution des arpéges; la 5e, pendant laquelle dure un trait chromatique non interrompu, est d'un effet entièrement neuf.

AD. HENSELT.

Op. 2. DOUZE GRANDES ÉTUDES DE CONCERT.

16e et 17e degrés.

Ce livre d'Études renferme de très-belles mélodies, accompagnées d'une harmonie riche et distinguée; le mécanisme en est très-difficile et généralement rempli de grands écarts.

Il faut avoir de grandes mains pour en entreprendre le travail avec succès ; mais ce travail est fort intéressant à faire.

ANT. DE KONTSKI.

Op. 25. DOUZE ÉTUDES.

15ᵉ et 16ᵉ degrés.

Op. 53. DOUZE ÉTUDES en deux livres.

Ces Études sont habilement traitées ; elles ne doivent être travaillées que par des élèves déjà bons musiciens et familiarisés avec toutes les difficultés d'exécution ; elles contribueront alors à développer en eux le sentiment musical et à perfectionner leur mécanisme.

H. F. KUFFERATH.

Op. 8. SIX ÉTUDES DE CONCERT.

15ᵉ, 16ᵉ et 17ᵉ degrés.

Je puis dire à peu près de ces Études ce que je dis de celles de HENSELT ! Les trois premières sont délicieuses ; la 6ᵉ est d'une grande difficulté, mais elle est fort belle ; je la recommande aux élèves très-avancés.

J. MOSCHELES.

Op. 70. ÉTUDES, 1ᵉʳ et 2ᵉ livres.

15ᵉ, 16ᵉ et 17ᵉ degré.

Excellent travail musical et de mécanisme. Ces Études sont très-belles et sont aussi utiles pour former le musicien que l'exécutant.

Le style en est généralement sévère et tient beaucoup de l'ancienne et belle école du piano.

H. RAVINA.

Op. 1er. DOUZE GRANDES ÉTUDES DE CONCERT.

15e, 16e et 17e degrés.

Il faut une force prodigieuse dans les doigts pour entreprendre le travail de ces Études.

Les élèves qui n'ont point cette force ne doivent pas l'essayer, il leur serait alors plus préjudiciable qu'utile.

Op. 28. VINGT-CINQ EXERCICES-ÉTUDES.

14o degré.

Cette œuvre, remarquable par la variété du style de chaque Étude, par le charme de ses mélodies et de son harmonie distinguées, réunit sous la forme d'*exercices* toutes les difficultés qu'on rencontre dans la musique moderne, et, par sa forme gracieuse, fait disparaître l'aridité de ces difficultés de mécanisme travaillées isolément.

(Extrait du Procès-verbal de la séance du Comité des Études musicales du Conservatoire, du jeudi 7 avril 1855.)

J. ROSENHAIN.

Op. 17. DOUZE ÉTUDES CARACTÉRISTIQUES.

15e, 16e 17e degrés.

Les deux premières de ces Études sont d'un excellent travail pour le poignet; c'est un *staccato* presque continuel.

Plusieurs autres sont très-difficiles de *mécanisme, de doigté, de style* et de *rhythme*. Il faut généralement en recommencer le travail à plusieurs reprises pour les bien comprendre. C'est alors que l'on peut juger de ce qu'elles ont fait acquérir sous plus d'un rapport. J'ai rarement fait jouer les 10e et 11e, à cause de la bizarrerie de certaines modulations; la 6e, *la Sérénade du Pêcheur*, est d'un excellent travail pour le passage du pouce de la main gauche; elle est d'ailleurs très-mélodieuse. La 12e, *la Danse des Sylphes*, travaillée d'abord lentement et ensuite dans son propre mouvement, fait acquérir une grande légèreté aux doigts.

J. SCHULHOFF.

Op. 13. DOUZE ÉTUDES en deux livres ou réunies.

16e degré.

Ce cahier doit être travaillé par tous les amateurs et artistes qui aiment et recherchent les compositions de ce pianiste. Ces Études, habilement traitées dans le but de familiariser avec des difficultés modernes de doigtés, de traits et d'harmonie sont néanmoins très-mélodiques. Il en est plusieurs: les 2e, 3e, 4e, 9e, 10e et 11e, qui sont particulièrement empreintes d'un charme et d'une mélancolie qui rappellent involontairement le chant du Pêcheur, les Idylles, etc., etc.

G. TAUBERT.

Op. 40. DOUZE ÉTUDES en deux livres.

15e et 16e degrés.

La 2e de ces Études, qui est pour la main gauche seule, est fort jolie; la 6e et la 8e sont excellentes à travailler comme

Études de grâce et de goût; les autres sont d'un bon travail pour donner de la force et de l'égalité aux doigts. Elles ont en général un caractère bien décidé.

Ainsi que je l'ai dit précédemment, l'élève, ayant acquis par un travail persévérant une bonne exécution, jouant bien en mesure, avec aplomb et netteté, n'aura plus qu'à chercher à entendre souvent les grands exécutants, à en recevoir même, s'il lui est possible, quelques conseils; c'est ainsi qu'il arrivera peu à peu à se perfectionner.

Surtout, pour dernière recommandation, qu'il ne force jamais la nature de son talent.

Puisse-t-il en même temps conserver avec quelque reconnaissance le souvenir de celui qui, par ses conseils et ses soins, l'aura soutenu dans sa marche et lui aura rendu moins pénible la carrière qu'il avait à parcourir!

FIN.

PARTITIONS.

		fr.
BILLET DE MARGUERITE (le). GEVAERT.	Grande partition	400
	Part. p. piano et ch. In-8o. net.	15
CARNAVAL DE VENISE (le). A. THOMAS.	Grande partition	400
	Part. p. piano et ch. In-8o, net.	15
CHARLES VI. F. HALÉVY.	Grande partition	500
	Part. p. piano et ch. In-4o, net.	40
	Part. p. piano seul. In-4o net.	25
	Part. p. piano et ch. In-8o net.	20
CLOCHETTE (la). F. HÉROLD.	Grande partition	200
DOUBLE ÉCHELLE (la). A. THOMAS.	Grande partition	150
ÉCLAIR (l'). F. HALÉVY.	Grande partition	400
	Part. p. piano et ch. In-4o, net.	25
	Part. p. piano et ch. In-8o, net.	12
FANCHONNETTE (la). L. CLAPISSON.	Grande partition	400
	Part. p. piano et ch. In-8o, net.	15
	Part. p. piano seul. In-8o, net.	8
GRAND PRIX (le). A. ADAM.	Grande partition	150
JUIVE (la). F. HALÉVY.	Grande partition	500
	Part. p. piano et ch. In-4o, net.	40
	Part. p. piano seul. In-4o, net.	25
	Part. p. piano à 4 m. In-4o, net.	25
	Part. p. piano et ch. In-8o, net.	20
	Part. p. piano seul. In-8o, net.	12
MOUSQUETAIRES DE LA REINE. F. HALÉVY.	Grande partition	400
	Part. p. piano et ch. In-8o nef.	15
	Part. p. piano seul. In-8o, net.	8
POLICHINELLE. A. MONTFORT.	Grande partition	150
PREMIER VENU (le). F. HÉROLD.	Grande partition	150
REINE DE CHYPRE (la). F. HALÉVY.	Grande partition	500
	Part. p. piano et ch. In-4o, net.	40
	Part. p. piano seul. In-4o, net.	25
	Part. p. piano et ch. In-8o, net.	20
	Part. p. piano seul. In-8o, net.	12
SENTINELLE PERDUE (la). V. RIFAUT.	Grande partition	150
TROQUEURS (les). F. HÉROLD.	Grande partition	150
VAL D'ANDORRE (le). F. HALÉVY.	Grande partition	400
	Part. p. piano et ch. In-8o net.	15
	Part. p. piano seul. In-8o net.	8
DEUCALION ET PYRRHA. A. MONTFORT.	Part. p. piano et ch. In-4o, net.	8
AU CLAIR DE LA LUNE (opérette). R. DE VILBAC.	Part. p. piano et ch. In-8o, net.	5
DON ALMANZOR. R. DE VILBAC.	Part. p. piano et ch. In-8o, net.	7
BOMBONS (opérette). A. VOGEL.	Part. p. piano et ch. In-8o, net.	5